현우玄愚 이명현

서울대학교 철학과 학사 및 석사를 졸업하고 브라운대학교에서 철학박사 학위를 받았다. 독일 훔볼트재단Humboldt-Stiftung 석학회원fellow, 하버드대학교 철학과 방문학자visiting scholar를 지냈으며 현 서울대학교 철학과 명예교수이다.

제37대 교육부장관, 한국철학회 회장을 역임했으며, 2008년 제22회 세계철학대회 조직위원장을 맡아 아시아권에서 최초로 열린 세계철학대회를 성공적으로 개최했다. 현 계간지《철학과현실》의 발행인이며 재단법인 심경문화재단 이사장이다.

쓴 책으로는『비트겐슈타인의 이해』,『보통사람을 위한 철학』,『열린마음 열린세상』,『(이명현 신작칼럼)길아닌 것이 길이다』,『이성과 언어』,『비트겐슈타인과 분석철학의 전개』,『신문법 서설』,『사회변혁과 철학』(공저),『현대철학특강』,『새 문명 새 철학』,『교육혁명』,『아름다운 세상』이 있고, 옮긴 책으로는『칼 포퍼』,『현대철학의 쟁점들은 무엇인가』,『열린사회와 그 적들 2』,『사회변혁과 철학』이 있다.

철학은
시대의

내비게이션
이다

사유의 길을
밝히는
철학의 쓸모

이명현
지음

철학은
시대의

내비게이션
이다

이명현 서울대 명예교수가
85년간 길어 올린
철학의 정수

차례

제1부

1장   삶의 조건을 바꾸는 철학

Ⅰ. 철학함이란?

인간은 자연 안에서, 자연과 더불어 자연을 밑천으로 삼고 살고 있다. 인간은 외톨이로 사는 존재가 아니라, **더불어 사는 존재**이다. 더불어 삶은 더불어 있음의 한 양태요, 모듬살이가 더불어 삶의 구체적 방식이다.

인간의 자연과의 관계 맺음은 이러한 **더불어 있음**의 양식 속에서 이루어진다. 인간은 외톨이로서 자연과 만나기보다는 우리로서 만난다. 인간의 역사는 인간이 우리로서 **자연**과 관계 맺음의 역사와 **인간**들 사이의 관계 맺음의 역사로 엮어진 천이다.

그리고 인간의 삶은 자기 자신과의 관계 맺음 속에서 엮어진다. 인간은 자기 자신을 객체화하여 자기 자신과 대화하며, 자기 자신과 겨루며, 자기 자신을 넘어설 수 있는 **반성적** 존재라는 사실 속에 자기 자신과의 관계 맺음의 **방식이 드러난다.** 이렇듯 **인간의 삶은 자연, 타인, 자기 자신이라는 세 축으로 이루어진 틀 속에서 엮어진다.** 이와 같은 삶의 틀 속에서 인간은 **있음**과 **바람직함**에 관한 **개념의 지도**를 그리며, **됨**을 위한 **탈바꿈**의 몸짓을 한다. **철학함이란 이러한 개념의 지도 그리기와 탈바꿈을 노리는 몸짓을 통틀어 일컫는다.**

있음에 관한 개념의 지도 그리기는 무엇이 어떠한가에 관한 응답이다. 물론 철학만이 **무엇이 어떠한가**에 관한 물음에 관심을 가지고 있는 것은 아니다. 사실 과학들도 그런 물음에 응답하려는 지적 시도들임이 틀림없다. 철학이 제시하는 '있음'에 관한 응답은, 인간이 지닌 일상적 신념들과 과학의 전제들과 그 탐구 결과 안에 함축된 '있음'에 관한 인간 생각의 뿌리와 넓이를 드러내어 분명히 보여주고자 한다.

서울의 지도는 복잡한 서울의 모습을 한눈에 보여준다. 그 점에서 도쿄의 지도, 파리의 지도, 베이징의 지도, 뉴욕의 지도, 모스크바의 지도, 그 모두가 매한가지다. 지도는 현실 그 자체는 아니다. 현실의 서울의 크기는 한 장의 서울 지도와 비교도 안 될 만큼 크며, 현실의 서울은 서울 지도처럼 평면이 아니다. 그럼에도 서울 지도는 현실의 서울의 그 어떤 모습을 우리에게 드러내 보여준다.

　길을 모르는 나그네에게 지도는 길잡이 구실을 한다. 그가 지금 선 곳은 어디이며, 그가 찾아가고자 하는 곳으로 가는 방향과 위치가 어디인가를 그는 그 지도로부터 알아낼 수 있다. 지도는 현실에 관하여 우리에게 그 무엇을 알려준다. 지도는 현실에 관한 앎의 틀을 제공한다. 그러기에 길을 잃고 방황하는 이방인에게 한 장의 지도는 무지의 고뇌로부터 그를 해방시켜주는 인식의 안내자이다. 지도는 현실의 구조를 보여주는 그림이다. 그러나 지도는 현실 그 자체를 제시하는 것은 아니다. 현실의 의미 있는 특성을 추려 보여주는 점과 선으로 엮어진 이차원의 얼개가 바로 지도이다.

　지도가 현실 그 자체가 아니라는 것은, 서울 지도를 소유하는 것이 서울을 소유한 것이 아니라는 점 속에 잘 드러난다. 그리고 서울 지도는 나의 가방 속에 집어넣고 다닐 수 있으나, 서울은 나의 가방 속에 집어넣고 다닐 수 없다는 사실도 지도와 현실은 동일한 것이 아님을 보여준다. 그러나 지도는 현실에 대한 인식의 틀이다. 지도를 통해 우리는 현실이 어떠어떠하게 **있음**을 **알** 수 있다. 철학은 있음의 얼개를 보여주는 개념의 지도를 그리는 활동이다. 있는 것들의 얼개가 개념의 지도 속에 드러난다. 나는 무엇이며 너는 무엇인가, 우리가 자연이라 부르는 것이거나, 무엇이거나, 있는 모든 것의 위치와 행방이 개념의 지도 안에 드러난다.

무지는 당혹을 낳는다. 그리고 당혹은 혼란이나 고뇌를 업고 다닌다. "나는 어디서 왔다가 어디로 가는 것인가." 이 물음처럼 우리를 당혹게 하는 물음이 없다. 그리고 그 물음에 대한 대답을 할 수 없을 때, 우리는 혼란과 고뇌에 빠진다.

있음에 대한 개념의 지도는 인간 자신과 세계에 대한 우리 인식의 눈을 맑게 해준다. 그렇게 함으로써 그것은 우리를 개념의 혼란과 고뇌로부터 해방시켜준다. 개념의 명료화는 개념의 혼란으로 빚어지는 당혹과 고뇌로부터 우리를 자유롭게 한다. 그러한 혼란과 고뇌로부터 자유로울 때 인간은 **제자리**로 돌아가 설 수 있다. 그리고 그 제자리에만 진리의 빛은 비춘다. 그러므로 있음에 대한 개념의 지도는 우리를 진리로 인도하는 안내자이다. 그러기에 그것은 혼란과 고뇌로부터 우리를 자유롭게 해준다.

인간의 삶은 **함**의 다발로 엮어져 간다. 함은 무엇을 하고자 하는 힘에 끌려 나타나는 과정이다. 욕망, 욕구라고 부르는 것이 바로 그러한 힘이다. 삶은, 그러므로, 욕구에 의해 추진되는 함의 집합이요, 그 연속 과정이다. 함은 **일정한 방향**이 요구된다. 덮어놓고 아무렇게나 하는 것은 알찬 함이 될 수 없다. 아무렇게나 덮어놓고 하면, **소갈머리 없는 함**밖에 되지 않는다.

아무렇게나 하지 않는다는 것은, 이것이 아니라 저것을, 이렇게가 아니라 저렇게 한다는 것을 뜻한다. 이것이 아니라 저것을 **가린다**는 것은 기준을 전제하며, 그 기준은 좋고 나쁨, 혹은 무엇이 무엇보다 더 좋음을 그 속에 담고 있다. 좋고 나쁨, 혹은 무엇이 무엇보다 더 좋음은 무엇을 **바람직한** 것으로 보느냐 하는 것과 깊이 맞물려 있다.

사람은 물론 아무렇게나 살 수 있다. 왜라는 질문에 대해 어떤 대답도 할 수 없거나, 어떤 대답도 거부할 때 사람은 아무렇게나밖에 살 수 없다. 불가지론不可知論이나 허무주의를 붙들고 있는 사람의 경우가 바로 그것이다.

불가지론자나 허무주의자가 아닌 보통 사람들은 그리 마구 아무렇게나 살지 않는다. 그러기에 우리는 바람직한 삶이 무엇인가를 궁리하며, 또 설계할 수밖에 없다. 그리고 그 바람직한 삶을 살 수 있는 모듬살이의 틀이 어떤 것인가에 대해서 머리를 쥐어틀고 궁리하여, **바람직한** 모듬살이 틀의 청사진을 그려볼 수밖에 없다. 적어도 이제까지의 인류 문명의 역사는 바로 그러한 노력의 현장이었다. 이런 의미에서 인류의 역사는 바람직함에 대한 개념의 지도 모형들의 교체 역사라고 볼 수 있다.

알찬 함이 이루어지려면, 바람직함에 관한 개념의 지도가 요구된다. 그러나 이에 앞서서 있음에 관한 개념의 지도가 바로 그려져 있어야 비로소 알찬 함이 이루어질 수 있다. 그러나 여기서 지적되어야 할 것은, 있음에 관한 개념의 지도와 바람직함에 관한 개념의 지도가 마련되었다 해서, 그로부터 함이 저절로 나타나지는 않는다는 점이다. 그 두 가지의 지도로부터 사람이 정보를 획득했다 하더라도, 그가 무엇을 하고자 하는 욕망이 없다면, 아무런 함도 나타날 수 없다.

바람직함에 관한 개념의 지도가 보여주려는 것은 바람직하지 못한 상황에 놓여 있는 인간의 삶의 조건을 바꿀 가능성의 세계가 어떤 것인가 하는 것이다. 억압적인 모듬살이의 틀에 묶여 있는 인간을 그 고통으로부터 구제할 수 있는 새로운 모듬살이의 틀을 고안하여 제시하는 작업이 바로 그것이다. 물론 인류의 역사는, 그러한 노력들 가운데 어떤 것들은 시한적인 효능밖에 못 가진 것이었거나, 또 어떤 것들은 오류에 불과한 것이었음을 보여주고 있다.

있음에 관한 개념의 지도가 무지와 그릇된 지식에서 나오는 고통으로부터 인간을 구원해주는 효능을 지니고 있으며, 바람직함에 관한 개념의 지도는 억압적인 모듬살이의 틀로부터 인간을 해방시킬 새로운 가능성의 모형을 제시한다. 그리고 두 지도는 모두 인간을 **제자리**로 인도한다. 앞의 지도가 현실 세계의 구조가

무엇인가를 알려주는 사실의 메시지를 제시해준다면, 뒤의 지도
는 가능 세계의 구조를 펼쳐 제시하는 희망의 메시지를 담고 있
다. 그러나 두 지도가 모두 이론의 차원에 놓인 활동이라는 점에
서는 매한가지다.

　철학이 하나의 학문이며, 학문은 이론의 작업이라는 생각은
하나의 상식처럼 되어 있다. 이런 상식에 따르면, 철학에서 사용
되는 언어는 무엇이 어떠함을 알려주는 기능을 하는 것이거나, 바
람직한 가치가 무엇이라는 것을 표현하는 기능을 지니고 있다고
볼 수 있다. 그리고 이에 덧붙여 한 가지 기능을 더 추가한다면, 사
물이나 사태의 성질을 알려주는 기능보다는 언어 자체의 속성이
나 특성을 표현하거나 묘사하는 기능을 들 수 있을 것이다. 소위
메타언어라 부르는 것이 여기에 속할 것이다. 철학의 작업은 언어
에 대한 분석의 작업이라고 보았을 때, 철학의 언어가 바로 그러
한 메타언어가 되는 셈이다.

　우리는 앞에서 철학은 개념의 지도 그리기일 뿐 아니라, **됨
을 위한 탈바꿈의 몸짓**이라고 하였다. 됨을 겨냥하는 말짓과 몸짓
은 물론 위의 기능을 지닌 언어와 완전히 독립된 것은 아니다. 문
제가 되는 것은 그 언어가 무엇을 노리고 있는가에 있다.

　됨을 위한 언어는 무엇이 어떠함을 알려주는 인식적 기능이

나 바람직한 것이 무엇인가를 표현하기보다는 그 어떤 **변화**(탈바꿈)를 노리고 있다. 이러한 언어는 몸짓과 말짓으로 구성된 말놀이에 참여하는 사이에 놀이 참여자 자신이 하나의 상태로부터 다른 상태로 **탈바꿈**하게 된다는 데 그 특색이 있다. 이런 언어는 언어 놀이 참여자 자신의 탈바꿈에 그 으뜸되는 기능이 있다. 이러한 학의 개념은 동양의 전통에 깊이 뿌리박고 있으며, 서양에서는 소크라테스가 그 정신의 뚜렷한 구현자라 볼 수 있으며, 해석학적 전통이 이 점에 깊은 관심을 보였던 전형적 예라 할 수 있다.

여기서 우리는 탈바꿈을 겨냥하는 철학적 전통과 만난다. 철학은 여기서 단순히 세계가 어떻게 있음을 해석하거나 설명하는 이론적 작업을 넘어서서, 인간과 삶의 세계 자체의 변화를 겨냥한다. 이것이 바로 됨을 겨냥하는 몸짓과 말짓으로서의 철학적 모습이다.

II. 현실에 대한 응답으로서의 철학

철학함은 현실에 대한 하나의 응답이다. 인간은 역사적 존재이다. 그러기에 인간은 일정한 공간과 시간의 좌표 선상에 있다. 변화하는 공간의 축과 시간의 축이 서로 만나는 그 좌표점들의 연속선상에 인간은 존재한다. 그러기에 인간의 사고도 역사적일 수밖에 없다. 그러기에 그의 생각은 일정한 역사의 지평 안에서 이루어지게 마련이다. 인간 생각의 보따리인 사상도 그러기에 역사적 지평 안에서 이루어진다. 인간도, 인간의 사상도 역사의 지평을 초월할 수 없다. 인간은 영원의 빛 아래서 존재 전체를 꿰뚫어 볼 수 없다. 그것은 오직 신에게 있어서만 가능할 뿐이다.

앞에서 우리는 철학함은 있음과 바람직함에 관한 개념의 지도 그리기요, 됨을 겨냥하는 말짓과 몸짓하기라고 하였다. 인간이 역사적 존재요, 그의 생각함도 역사적일 수밖에 없기에 그의 생각함의 산물인 사상도 역사적일 수밖에 없다. 생각의 산물이 역사적이라 함은, 사상은 그 생각의 주체자가 놓인 역사적 지평 안에 드러나는 문제들에 대한 그의 대응이며, 그 대응의 성격 역시 그 어떤 역사적 성격을 지닌다는 말이다.

그러기에 철학이 '있음'과 '바람직함'에 관한 지도를 그린다고 하나, 작성된 지도는 특정한 역사적 지평 위에서 보인 지도일 뿐이다. 그 지도는 그 지도 작성자가 부딪치고 있던 그의 현실에 대한 하나의 응답이다. 철학사는 그러한 역사적 지평 위에서 본 여러 가지 개념적 지도들의 전시장이다. 영원의 빛 아래서 본 개념의 지도를 그리려고 많은 사람이 애를 썼음에도 불구하고, 그가 그린 지도는 고작 역사의 지평에서 본 지도가 되고 말았을 뿐이다.

한 권으로 된 서양 철학사를 초심자가 한번 대강 훑어보고 난 후 잡화상을 보는 것 같은 느낌을 가졌다면, 그것은 그의 첫인상으로는 그리 큰 무리가 없으리라. 사실 철학사를 그 드러난 말로만 살펴보면, 시대와 사람에 따라 제각기 다른 소리들을 늘어놓은, 그야말로 말들의 소용돌이요, 잡다한 이론들의 각축장이라는 인상을 받을 수밖에 없다.

그러나 그것은 어디까지나 하나의 겉으로 본 인상이다. 그 이야기 속에 묻힌 참 알맹이가 무엇인가를 해독하기 위해서는 그 이론 속에 담긴 언어에 의해 노출된 문제, 풀고자 한 응어리가 무엇이며, 그 문젯거리에 대한 처방으로 제시된 이론이 그 이론의 창안자들이 살고 있던 역사적 현실과 어떻게 맥이 닿고 있는가를 꿰뚫어 보아야 한다. 그들이 '문제'로서 파악한 것과 그 문제에 대한 '해답'으로 제시되었던 것을 오늘의 우리의 현실에서 보면, 그것이 왜 '문제'가 되며, 그 '해답'이 얼마나 큰 위력을 지니고 있는지를 실감하기가 매우 어렵다는 것은 너무나 당연하다.

우리의 눈을 잠시 서양 근세 철학으로 돌려보자. 많은 철학사가가 흔히 지적한 대로 근세 철학은 인식론을 제일 철학으로 보고, 그것을 출발점으로 삼고 철학 이론이 전개되었다. 한편에서는 합리론, 또 다른 한편에서는 경험론을 들고나와 서로의 옳음을 주장하였다. 중세 때만 해도 인식론은 철학의 중심 문제가 아닐 뿐 아니라, 존재론 내지 형이상학이 제일 철학으로 군림하였다.

그러면 어째서 이와 같은 철학의 중심 이동이 생겼는가? 근세 철학의 지렛대는 도대체 무엇이었는가? 도대체 인식론을 제일의 관심사로 보고 거기서부터 철학적 논의를 전개한 까닭은 무엇인가? 우리는 이 물음에 대한 해답을 근세를 살았던 사람들이 놓여 있던 현실의 밑바탕을 들여다봄으로써 찾을 수 있을 것이다. 그 현실은 무엇이었는가?

다 아는 바와 같이 중세 서양은 농경사회였다. 농경사회는 대체로 한 가족이 노동과 생산의 한 단위가 되어 생존이 유지되는 사회였다. 그리고 그 사회는 위계적 권위주의 사회였다. 이와 같은 중세 사회로부터 장사꾼의 사회로의 변화가 뚜렷이 나타났으니, 그것이 근세 철학에로의 전환을 가능케 한 지렛대라 할 수 있다. 가족을 생존의 단위로 하는 농경사회에서 '개인의 무게'란 정말 아무것도 아닐 수밖에 없다. 오직 가족이 문제요, 햇빛과 비를 주관하는 하늘의 은사가 문제였을 뿐이다. 그러나 장사꾼 사회에서는 개인의 운세가 크게 다르다. 개인이 참으로 무게 있다는 것을 실감할 수 있는 세상이 장사꾼 사회다. 장사란 한 개인의 부지

런함과 영특함에 의해 그 운세가 크게 좌우되기 때문이다.

여기서 개인이 근세 철학의 주춧돌로 등장한다. 그런데 그 개인의 힘은 다름 아닌 이성이라는 생각하는 힘으로부터 나온다. '이성적 개인', 이것이 근세 철학의 초석이다. 진리의 근거도 이성적 개인 속에 있으며, 도덕과 권력의 근거도 이성적 개인에 있으며, 사회경제적 활동의 주체도 개인에게 있으며, 신앙의 주체도 개인에게 있다. 개인은 근세 철학을 가동시킨 현실의 조건이요, 근세 철학은 그러한 현실의 조건으로부터 잉태한 하나의 현실 인식이다.

개인은 물론 근세 철학을 가동시킨 현실의 조건들 가운데 하나이다. 그러나 여기서 우리가 볼 수 있는 것은 철학이 영원의 빛 아래서 가동되는 작업이라기보다는 특정한 역사적 조건에 의해 형성되는 시각의 빛 아래서 주어지며, 주어진 시각 아래서 드러나는 문제들에 대해서 해답을 찾으려는 모색 활동으로서 한 시대의 철학이 등장한다는 점이다.

Ⅲ. 자생적 철학의 요청

우리가 놓인 현실은 한 가닥의 실마리로 엮어진 단순한 얼개로 되어 있는 것이 아니다. 그것은 여러 갈래의 실마리가 서로 엉겨 붙어 있기에, 그 얼개를 투명하게 들여다보는 것은 쉬운 일이 아니다. 우리의 철학함은 서로 뒤엉켜 붙은 실마리를 가려내어 우리의 현실의 얼개가 어떻게 되었는가를 꿰뚫어 보는 일로부터 시작해야 한다. 그러한 얼개를 꿰뚫어 보지 않은 상태에서 이루어지는 우리의 사고는 우리의 현실에 바탕을 둔 철학일 수 없다. 우리의 현실에 바탕을 둔 철학이 아닌 것은 우리의 응어리를 시원하게 풀어주는 처방일 수 없다. 그것은 과녁을 빗나간 생각이다. 그것은 겉도는 말놀이일 뿐이다.

모든 과녁을 맞힌 철학은 철학의 태생지인 현실에 대한 명료한 인식으로부터 출발한다. 그러나 현실에 대한 명료한 인식에 도달하기란 매우 어렵다. 그러기에 자생적 철학은 늘 우리로부터 멀리 떨어져 있기 쉽다. 자기 스스로 자기의 문제를 문제로서 인식하고 그 문제를 푸는 작업이 바로 자생적 철학의 과제이다. 자생적 철학이 없는 곳에서는 나의 실존과 얽혀 있는 문제보다는, 남의 문제를 나의 문제로 착각하고, 남의 문제 풀이를 앵무새처럼 되뇔 수밖에 없다. 현실에 대한 투명한 인식은 그러기에 너무나 절실하다.

모든 현상은 겉으로 보기와 그 참모습이 동일하지 않다. 겉

모습도 제대로 놓치지 않고 모두 파악하기 쉬운 일은 아니지만, 그 참모습은 더구나 알기 어렵다. 우리 현실에 대한 인식의 경우도 마찬가지다. 현실에 발붙이고 있는 정상적인 사람치고 자기의 현실에 대해 전연 아무것도 모르는 사람은 없을 것이다. 모두 자기 나름대로 그 어떤 인식을 가지고 있을 것이다. 이 사람은 이런 국면에 더 신경을 쓰며, 저 사람은 저런 국면에 더 신경을 쓴다.

신경을 쓴다는 것은 관심을 가진다는 말로 바꾸어볼 수 있다. 관심에 따라 동일한 현실에 대해 인식 내용이 다를 수 있다. 그리고 동일한 관심에 따라 동일한 현실에 대해 인식 내용이 다를 수 있다. 그리고 동일한 관심을 가지고 있다 하더라도 어떻게 보느냐, 얼마나 진지하게 생각하느냐에 따라 인식의 깊이가 달라진다. 따라서 동일한 현실에 살고 있는 사람들 사이에도 현실에 대한 인식에 있어서 그 깊이와 폭이 다르게 나타날 수 있다. 여기서 우리는 현실에 대한 인식이 얼마나 다양하며, 더욱이 현실에 대한 참된 인식이 얼마나 어려운가를 엿볼 수 있다. 더 나아가 과연 현실에 대한 '하나의 참된 인식'이 도대체 가능한가에 대해서도 의문이 제기될 수 있음도 엿볼 수 있다.

이런 전제 아래서 겉으로 드러난 한국의 모습을 한번 훑어보자. 우선 전통과 외래의 만남이라는 관점에서 우리의 현실을 관찰할 수 있을 것이다. 그러면 전통이라는 보따리 속에 들어 있는 것은 무엇인가? 사상적으로 보면, 유교와 불교가 그 으뜸가는 항목으로 지적될 수 있으며, 그리고 전래해오는 토속적 믿음과 관행을 들 수 있을 것이다. 그리고 왕권과 권위주의적인 신분을 정점으로 하는 사회와 가족 중심의 농경사회를 지적할 수 있다.

간단히 표현하면, 우리의 전통 사회는 가족 중심의 농경사회요, 그 농경사회를 움직이는 정치권력은 권위주의적 왕권 사회인데, 그러한 사회의 기본 이념의 표현이 유교라고 말할 수 있을 것이다. 그리고 외래의 보따리 속에 들어 있는 것은 무엇인가? 과학과 과학기술을 그 첫째로 들 수 있으며, 둘째로 기독교 사상을 비롯한 온갖 서양 철학 사조와 사상을 들 수 있으며, 셋째로 제도와 이데올로기로서의 자본주의 대 공산주의와 민주주의 대 전체주의를 들 수 있다. 물론 위에 열거된 전통과 외래라는 두 보따리 속의 품목은 큰 것들만 대충 열거한 것이다. 우리의 오늘의 현실은 저 두 가지 보따리 속에 들어 있는 품목의 전시장이라 할 수 있다. 그러나 그것은 그저 죽어 있는 품목이 아니다. 그러기에 그냥 진열만 되어 있는 그런 수동적이요 정태적인 것이 아니다.

전통과 외래의 만남은 난류와 한류가 맞부딪치는 소용돌이에 비유되는 것이 오히려 좋을 것 같다. 이제 우리의 실존은 그 소용돌이의 한가운데서 신음을 내고 있다. 이 소용돌이 속에서 신음하는 우리 가운데 어떤 이는 외래의 보따리를 송두리째 쓰레기통에 던져버리는 극언을 하며 이렇게 외친다. 외래의 보따리 속에 들어 있는 것은 밖으로부터 온 남의 것이기에 우리의 것이 아니다. 우리의 것이 아닌 것을 우리가 떠받들고 다니는 것은 우리다운 자세가 아니다. 그것은 '주체적'인 사람이 취할 자세가 아니다.

또 우리 가운데 어떤 이는 외래의 보따리 속에 들어 있는 것을 매우 소중히 여기며, 그것만을 애지중지한다. 우리가 다른 동양인과 함께 겪었던 근세 역사의 수모는 다름 아닌 열세에서 오는 수모인데, 서양이 우세할 수 있었던 것은 그 외래의 보따리 속에 든 보화들 때문이었다. 그러니 우리가 그 열세의 수모로부터 우리 자신을 구하려면, 그 우세를 낳게 했던 그 보화를 소중히 여기고 우리의 것으로 만드는 일이다. 이렇게 또 한편에서 외치는 소리가 있다. 모두 일리가 있는 말들이다. 한편은 **주체성**을 소중히 여기며, 다른 한편은 **실질적 힘**을 소중히 여기니 말이다.

그러니 우리 가운데 어떤 이는 이 두 편의 대립에서 그 어떤 공허감을 발견하고 양자의 결합을 대안으로 내놓는다. 주체적 정신은 전통으로부터, 실질적 힘은 외래의 것으로부터 배울 것을 말하는 것이 바로 그것이다. '동도서기東道西器'와 같은 주장은 이런 문맥에서 나온 구호일 것이다. 이 세 가지 태도가 근세 개항 이후 오늘에 이르기까지 이 한반도 땅 위에서 가동되고 있는 주요한 현실 대응 방식이라 할 수 있다.

　우리가 여기서 먼저 한 가지 분명히 지적해야 할 것이 있다. 역사에 있어서 영원한 전통도, 영원한 외래도 없다는 점이 바로 그것이다. 우리가 전통이라고 하는 것도, 한때에는 외래의 것이었을 수 있으며, 오늘에 있어서 전통이라는 것도 시간에 침식돼 변형되어 다른 형태로 변할 수도 있다. 또한, 오늘의 외래도 시간의 은덕으로 우리의 전통의 한 부분 속으로 용해되어버릴 수도 있다. **역사에는 고정불변의 우리 것이란 존재하지 않는다.**
　그러므로 전통과 외래를 대립적인 고정체로 놓고, 어느 한 가지를 선택하고 다른 하나를 배제하려 하거나, 누이도 좋고 매부도 좋고 식으로 두 가지 모두를 어물쩍 한꺼번에 끌어안으려고 기도하는 것은 온당하지 못하다. 그런 태도가 기본적으로 깔고 있는 역사와 문화에 대한 시각 자체가 그릇되기 때문이다. 역사와 문화는 그 어떤 고정불변의 결정체가 아니기 때문이다.

　중요한 것은 '내 것', '네 것'이라는 원적지의 구분이 아니라, 그것이 얼마나 참이며, 그것이 얼마나 쓸 만한 것이냐가 문제이며, 그것이 입가에 겉도는 구호나 앵무새의 흉내가 아니라, 우리의 절실한 문제의 해결에 얼마나 적합한가가 매우 중요한 문제이다. 오늘 우리가 부딪힌 현실의 정체를 투명하게 들여다보기 위해서는 전통과 외래라는 범주에 의해 살펴보기보다는, 우리의 삶에 예리하게 느껴지는 '통증'의 진원이 무엇인가를 파헤치는 일이라고 나는 생각한다. 그 통증은 문제 자체라기보다는 문제의 징후일 뿐이다. 병의 징후는 병을 드러내지만, 병 자체는 아니다.

징후의 몇 가지 예를 들어보자. 이산가족의 고통, 열악한 의식주에 시달리는 고통, 호사스러운 어떤 사람들의 삶을 보며 느끼는 마음의 통증, 혼탁한 대기가 목과 눈에 미치는 불쾌한 느낌, 언제 터질지 모르는 핵전쟁에 대한 공포, 최루가스에 막혀오는 호흡과 쓰린 눈과 콧구멍, 밀어붙이는 버스들의 난폭운전이 자아내는 불안과 죽음의 공포, 이 모든 것은 우리가 일상적으로 흔히 경험하는 그러한 징후들이다.

이러한 징후의 뒷면에는 분단의 문제, 분배의 문제, 공해의 문제 등이 도사리고 있음을 우리는 발견한다. 모든 징후는 사회적 구조의 고장 때문에 나타나는 빙산 일각의 모습일 뿐이다. 그러한 통증의 징후들을 없애기 위해서는 가끔 대증요법도 일시적으로 요구되기도 하지만, 그것은 어디까지나 응급조치요, 문제의 근원적 치료는 아니다.

오늘의 철학은 우리 현실이 안고 있는 문제의 뿌리를 더듬어 파고들어 가, 도려낼 것은 도려내고, 수선할 것은 수선하며, 조정과 조절이 요구되는 것은 그에 맞는 처치를 해야 한다. 그것이 바로 오늘의 철학도가 해야 할 과제이다. 그 과제를 푸는 것이 바로 이 땅의 자생 철학이 탄생해야 하는 이유다.

우리의 과거 전통의 보따리 속에 있는 권위주의적인 왕권 전제 제도와 가족 중심의 농경사회와 유교적인 규범 문화 그 자체가 바로 오늘의 우리의 현실은 아니다. 그뿐만 아니라, 외래의 것인 과학과 과학기술은 오늘 이 땅의 매일의 삶의 산 현장 속에서 숨 쉬고 있는 부정할 수 없는 현실의 일부를 이루고 있으며, 기독교도 이미 이 땅의 사람들의 삶의 안팎을 속속들이 파고들어 와 그 속에서 살아 숨 쉬고 있는 믿음의 체계가 되어 있음도 부인할 수 없는 엄연한 현실이다.

어찌 그뿐이랴. 좋든 싫든 자본주의와 공산주의는 제도와 사상에 있어서 이 땅의 남과 북에서 현실을 구성하는 한 부분이 되어 있으며, 민주주의와 전체주의도 이 땅에 사는 사람들의 내면세계와 실제 생활을 평가하고 규제하는 하나의 준거들이 되는 것이 엄연한 현실이다. 이 속에서 우리는 살고 있다. 이것이 바로 우리의 현실이며, 이것이 바로 우리 삶의 터전이며, 우리 생각의 묘밭이다. 우리의 철학은 이 묘밭에 씨가 뿌려져 그 속에 뿌리를 박고 자라, 결실이 맺힌 사고의 열매이다.

그러기에 오늘 우리가 가꾸어나갈 한국의 철학은 전통의 씨앗에서 자란 나뭇가지를 외래의 나무에다 접목한 튀기와 같은 것일 필요는 없다. 그것은 오늘의 현실로부터 나오는 여러 가지 병들을 제대로 진단하고 그 병들에 대하여 근원적으로 대처할 수 있는 처방으로서의 적합성을 지닌 철학이어야 한다는 대전제가 무엇보다 중요하다. 이 대전제를 충족시키는 철학은 물론 하나일 필요는 없다. 이 땅의 철학도가 오늘 착수해야 할 작업은 바로 그러한 자생 철학의 씨앗을 뿌리는 일이다.

IV. 자생 철학의 파종을 위한 철학 운동의 두 방향

모든 철학은 고향을 가지고 있다. 오늘 우리에게 주어진 철학의 언어는 고향을 잃어버린 채 우리 앞에 마주 서 있다. 과거의 우리의 선배 철학자인 원효, 퇴계, 율곡, 다산 등이 남긴 우리의 전통 철학의 고향은 역사와 함께 사라져버리고 말았다. 오늘 우리가 살고 있는 역사의 현실은 원효가 살았던 그 현실도 아니며, 물론 퇴계, 율곡, 다산이 살았던 그 현실도 아니다. 이제 우리에게 남겨져 있는 것은 우리 조상들이 그들의 현실 속에서 살면서 그 현실에 대한 하나의 대응으로 마련했던 그들의 철학적 언어뿐이다.

그 철학적 언어가 태어난 그 현실은 역사와 함께 사라져버렸기에, 우리는 그 언어가 살아 움직였던 문맥이 무엇인지를 직접 알 수 없다. 문맥을 모르는 사람이 글자만 보고 그 언어를 읽을 때 빠지기 쉬운 함정은 저 해석학적 오해의 늪이거나 앵무새의 흉내 내기이다. 우리가 언어를 올바로 이해하기 위해 필요한 것은 그 언어가 쓰인 구체적 상황이 무엇인가를 아는 일이다.

이러한 사정은 우리가 서양 철학의 문헌들과 만나는 경우에 있어서 그 사정이 더욱 나쁘다. 서양의 과거에 산출된 철학적 문헌들도 우리의 과거 전통 철학의 문헌들과 마찬가지로 그 언어가 태어난 고향은 역사와 함께 사라져버렸다. 우리가 우리의 과거 전통 철학의 이해를 위해 필요한 구체적 상황은 지금 존재하지 않지만, 오늘 우리의 여러 가지 현실적 기반과 사료를 토대로 과거의 역사적 상황을 상상력의 힘을 빌려 머릿속에 재구성해볼 수 있다. 그렇게 함으로써 과거의 철학적 문헌 속에 나타난 언어가 생동하는 모습을 이해하려고 꾀할 수 있다.

그러나 우리와 문화가 매우 다른 서양의 경우에 있어서 우리가 그런 상상력의 힘을 빌려 상황의 재구성 작업을 수행하는 것은, 우리가 우리의 과거 역사 상황을 재구성하는 일보다 훨씬 어려운 일이다. 그러므로 서양의 경우는 보다 체계적이고 전문적 작업을 통해서만 어느 정도 성공할 수 있을 것이다.

이와 같은 해석학적 재구성 작업이 제대로 이루어지지 않은 상황에서 우리가 과거의 철학적 문헌에 나타난 언어와 만나게 되면, 겉으로 나타난 문자에 매달려 그 참뜻을 제대로 파악하지 못하기 쉽다. 해석학적 오해의 늪과 앵무새의 흉내 내기는 바로 이러한 상황에 놓인 사람들이 빠지기 쉬운 함정이다. 이 함정에 빠진 사람은 겉도는 말을 구두선口頭禪처럼 외기 일쑤이며, 더욱이 그 철학적 언어가 일상 언어와 거리가 먼 전문적 표현으로 가득 차 있으면 사정은 더욱 악화할 수밖에 없다.

이러한 상태에서 철학적 언어는 하나의 방언의 운명을 면하기 매우 어렵다. 여기서 '방언'은 두 가지로 해석될 수 있다. 그 하나는 성경에서 말하는 경우와 같으며, 또 하나는 사투리와 같은 의미이다. 성경에서 성령의 은혜를 받은 사람들은 자기가 전에 배우지도 않은 '방언'을 했다고 기록되어 있는데, 이 경우 그의 주위에 있는 남도 알아들을 수 없을 뿐 아니라, 말하는 사람 자신도 그 뜻을 알지 못하는 말이 곧 방언인 셈이다.

그리고 사투리는 어떤 지역 안에 사는 사람들 사이에서만 소통 가능한 언어로, 비록 그 말과 본질적으로 동일한 언어를 사용하는 사람이라도 의사소통에 어려움이 있는 말이다. 사투리는 표준어로 바꾸어놓았을 때만 서로 다른 사투리를 사용하는 사람들 사이에 소통이 가능하게 됨을 우리는 잘 알고 있다. 우리가 과거의 철학적 문헌을 그냥 읽고만 있노라면, 성경에 나오는 은혜받은 사람이 쏟아놓은 방언과 같은, 나도 너도 이해하기 어려운 문자와 소리를 생산하는 데 그치거나, 아니면 소위 전문 분야 사람들끼리나 소통 가능한 **철학적 사투리**의 애호가가 되기 쉽다.

만일 우리가 이런 상황에 빠져 있다면, 여기서 어떻게 진정한 창조적인 철학 문화가 꽃피우기를 기대할 수 있겠는가! 창조적인 철학 문화는 참다운 철학 문화 공동체가 형성되었을 때 비로소 가능하다. 문화 공동체는 참다운 철학 문화 공동체가 형성되었을 때 비로소 가능하다. 문화 공동체는 공동의 언어를 그 바탕으로 삼고서만 존립할 수 있다.

이것이 말해주는 것은 너무나 분명하다. **철학의 세계에서 방언 퇴치 운동이 일어나야 한다. 누구나** 알아들을 수 있는 말로 철학을 해야 한다. 그리고 말을 서로 주고받을 수 있는 **대화의 광장이 마련되어야 한다.** 여기서 우리는 새로운 철학 문화를 창조하기 위한 철학 문화 공동체의 존재 이유를 발견하는 것이다.

철학의 출발점과 종착점은 현실이다. 보통 사람들의 삶의 세계는 현실의 알맹이이며, 개별 과학은 그 현실에 대한 직접적 탐구 작업들이다.

그러기에 **보통 사람들**의 **삶의 세계**와 **개별 학문**은 철학적 사고의 **원자재 공급지**이다. 이 공급 현장으로부터 원자재 공급을 받지 않고는 현실에 응답하는 살아 있는 철학은 태어날 수 없다. 그러기에 새로운 철학 문화의 창조를 위해 노력하는 철학도들은 모름지기 책 속의 언어의 울타리를 넘어서서 현실의 삶의 이 골목 저 골목에서 일어나는 보통 사람의 애환의 현장 속에 뛰어들어 가서 문제를 발견하는 데 게을리하지 않는다. 또한, 존재 현실의 여러 측면을 샅샅이 뒤져 밝혀내려는 개별 과학에 종사하는 사람들과 폭넓은 만남의 기회를 통하여 철학적 사고의 활력을 공급받아야 한다.

현실에 적합성을 지닌 철학을 창안해내기 위해서는 과거의 철학의 문헌을 탐구하거나, 남의 철학적 저술을 분석 검토하는 것으로는 부족하다. 현실에 대한 양감量感과 방향감각을 상실한 사람이 고작 할 수 있는 것은 기존 철학에 대한 분석이나 해석의 수준을 넘어서기 매우 어렵다.

그렇다고 장터와 길거리를 무조건 배회하거나 각종의 학술 모임에 분주하게 쫓아다닌다고 해서 참된 철학이 생산되는 것이 아님은 말할 것도 없다. 철학은 단순한 현장검증이 아니기 때문이다. 또한, 철학은 단순한 머릿속에서의 집짓기도 아니다. 현장의 확실한 증거를 토대로 삼고, 대담한 상상력과 엄밀한 논리의 힘을 빌려 세워진 건축물이 바로 생동하는 산 철학이다. 그러므로 철학을 단순한 가공적 사변의 체계로 보는 것은 철학에 대해 매우 널리 퍼져 있는 생각이지만, 하나의 오류임이 분명하다.

오늘 이 땅은 그 어느 때보다도 **대담한 사고**의 **용기**가 요청되는 때이다. 자유분방한 상상력의 가동과 거침없는 비판적 사고는 바로 그러한 지적인 용기 없이는 불가능하다. 그러한 **사고**의 **용기**와 더불어 **현실에 대한 깊은 애정**과 **폭넓은 감수성**을 우리가 지닐 때, 우리는 이 땅 위에 새로운 자생적 문화를 뿌리내리게 하는 정신의 선구자가 될 것이다.

V. 내일을 바라보는 철학의 탄생을 위한 서언

요즈음 한국 사람들의 마음에 맺힌 큰 응어리는 아마도 민주화가 그 으뜸을 차지하는 것 같다. 물론 이 민주화의 보따리 속에는 국민의 대표를 어떻게 선출하며, 국가의 권력을 어떻게 합리적으로 배분하여 나라를 운영하느냐와 같은 정치적 민주화의 문제와 더불어, 나라 안의 경제적 재화를 어떻게 나누어 가지느냐 하는 경제적 민주화의 문제가 포함되어 있음은 말할 것도 없다. 이것이 무엇보다 먼저 풀어야 할 우리의 응어리다.

　그리고 이에 못지않게 중요한 문제가 아마도 남북통일의 문제일 것이다. 통일의 문제는 하나의 민족이 하나의 정치적 공동체를 이루어 살아야 한다는 민족주의에서 우러나오는 요청이다. 그러나 통일의 문제는 민족주의의 요청의 차원에서만 해결될 수 있는 단일한 문제가 아니다. 통일을 가로막고 있는 근원적인 원인의 해소가 문제 해결을 위한 열쇠의 하나이다. 그러기에 한국 사람의 주관적인 통일에의 의지는 통일을 위한 필요조건이기는 하지만 충분조건은 되지 못한다.

　물론 근원적인 원인은 미국과 소련의 정치적 위상에 있다. 그 정치적 위상 안에는 국제정치의 힘겨루기 문제와 체제의 문제가 포함되어 있다. 체제의 문제는 이상적 사회의 모형에 관한 이론적인 문제와 더불어 실천적인 문제가 걸려 있다. 이 문제는 우리가 어떻게 이론적 접근과 실천적인 접근을 하느냐에 따라서 해결에의 전망이 걸린 문제이다.

　그러나 국제정치의 힘겨루기 문제는 초강대국 사이에 벌어지는 힘과 힘의 대결 문제이므로, 우리의 주관적인 결정과 의지에 따라 곧바로 좌우되는 문제가 아니다. 이것은 국제정치의 수많은 변수에 의해 이렇게 혹은 저렇게 변화될 수 있는 매우 유동적인 문제이다. 우리가 할 수 있는 것은, 그 변수들 가운데 일부를 조종하는 일도 있겠지만, 변수의 변화에 따른 상황의 변화에 얼마나 슬기롭게 대처하여 통일을 꾀할 수 있는가이다. 그것은 우리에게 역사의 대세를 올바로 읽을 수 있는 탁월한 혜안을 요구한다.

민주화와 통일만이 우리가 지닌 문제의 전부가 아니라는 것은 말할 것도 없다. 우리는 지금 과학과 과학기술로부터 커다란 힘을 얻어 운영되는 산업사회에 살고 있다. 과학과 과학기술은 근대 이후 서양 사람들에 의해 가동되고 발달해온 것이 사실이지만, 그렇다고 우리가 서양 사람이 아니라고 하여, 과학과 과학기술과 담을 쌓고 살 수 있는 게 아닌 것도 엄연한 현실이다. 그러한 우리는 오늘의 과학과 과학기술이 인간의 삶에 대해서 지닌 문제로부터도 회피할 수 없다. 오늘의 과학과 과학기술에 만일 문제가 있다면, 그 문제는 서양의 문제만이 아니라, 오늘 이 땅을 사는 사람의 문제가 아닐 수 없다. 그것은 온 인류의 보편적 문제이다.

오늘의 과학기술과 얽혀 있는 산업사회가 안고 있는 가장 심각한 문제가 자원 고갈과 자연 공해일 것이다. 한마디로 이것은 인류의 생존 자체를 위협하는 근본적인 문제이다. 이것은 얼마만큼 잘사느냐 못사느냐의 삶의 질 문제의 차원을 넘어서서 인류 전체가 이 지구 위에서 도대체 살아남을 수 있는가 하는 범인류적인 보편적 문제이다. 이것은 국가와 인종과 민족과 계급과 종교와 그 무엇을 구별할 것 없이 모든 사람에게 걸려 있는 궁극적 문제이다. 이 문제에 있어서는 승자와 패자가 따로 있을 수 없다. 이 문제를 해결하면 모두가 승자가 될 것이며, 그 문제를 해결하지 못하면 모든 사람이 패자가 되어 모두 멸망을 면치 못할 것이다.

승자와 패자가 따로 없는 심각한 문제가 또 하나 더 있다. 핵전쟁이 바로 그것이다. 지금까지의 전쟁에 있어서는 승자와 패자가 따로 있었으나, 앞으로 핵전쟁이 벌어지면 지구촌 전체가 불바다가 되고 말 것이다. 그때에는 부고장을 보내는 사람도 부고장을 받는 사람도 없는, 인류 전체의 죽음의 행렬이 온 지구를 뒤덮을 것이 너무나 명백하다. 정말 가공할 만한 상황이 아닐 수 없다. 핵전쟁은 그러기에 어떤 특정한 나라나 민족이나 계급의 문제일 수만은 결코 없다. 사람의 탈을 쓰고 사는 모든 존재에게 있어서 가장 심각한 문제 중의 문제가 아닐 수 없다.

위에 열거한 문젯거리들은 물론 우리 보통 사람들이 매일 피부로 느끼는 문제는 아닐는지 모른다. 그러나 그것은 우리의 삶의 밑바닥으로부터 우리에게 영향을 미치는 무시무시한 힘을 지닌 일들임이 틀림없다. 그러기에 그것들은 근본적 문제이다. 그러므로 그것은 우리의 궁극적 관심의 대상이 아닐 수 없다. 오늘의 철학은 바로 이러한 근본적 문제를 붙들고, 해결의 출구를 모색해야 한다.

이 근본적 문제들은 겉으로 보기에는 서로 별개의 문제같이 보이지만, 뿌리에 있어서는 서로 얽혀 있는 문제이다. 우리의 철학적 혜안이 꿰뚫어 보아야 할 것은 그것들이 어떻게 얽혀 있으며, 무엇이 문제이며, 그 문제를 극복할 새로운 틀은 무엇인가 하는 문제이다. 그 문제들에 대한 다음과 같은 근본적 물음에 대한 새로운 해답의 틀 속에서 새로운 출구가 열릴 것이다. 나는 과연 어떤 존재이며 어떻게 되기를 희망하는가? 인간은 무엇이며, 자연은 무엇인가? 인간과 인간의 바람직한 관계는 무엇이며, 인간은 자연과 근원적으로 어떤 관계 속에 놓여 있는가?

VI. 고립과 종속의 틀

우리가 서양의 사상사 속에서 전체론과 개체론 혹은 전체주의와 개인주의에서 보는 바와 같이, 그 어떤 하나의 사물이나 존재를 그 자체로 독립적이고 자기 충족적이며, 폐쇄적인 체계로 보는 입장과 하나의 사물이나 존재를 그 어떤 전체의 한 부분으로 보고 그 전체를 존재의 기본 단위로 봄으로써 하나의 개별적 존재자에게 독립적인 위치를 부여하지 않는 입장, 이 두 가지의 큰 흐

름을 우리는 발견한다. 앞의 입장은 하나의 사물이나 존재를 **고립의 범주, 외톨이의 틀**로서 보는 입장이라고 할 수 있는 데 비해 뒤의 입장은 보다 큰 무엇, 전체에 속한 것으로, 즉 **종속의 범주**로 본다.

나는 서양의 근대는 개체를 고립의 범주로 보는 시각을 바탕으로 삼고 출발한다고 본다. 우선 근세 철학에 있어서 인식론을 철학의 축으로 삼고 있는 합리론과 경험론 모두가 인간을 그러한 고립의 범주로 삼고 출발한다. 그리하여 '나의' 의식은 모든 문제의 출발점이 된다. 근세 철학의 초석을 놓은 데카르트에 있어서 나와 타인들, 그리고 세계가 모두 그와 같은 고립의 범주에 의해 나누어진 존재 영역들이다. 그리하여 데카르트는 그 세 개의 영역을 잇는 고리를 찾아내는 일에 그의 철학적 노력을 기울이지 않을 수 없었다.

이와 같은 고립의 범주로 사물을 보는 시각을 바탕으로 삼고 서 있는 근세 이후의 모든 인식론이 어쩔 수 없이 빠지게 되는 함정이, 다름 아닌 이른바 '자기중심적 곤경Egocentric Pre-dicament' 혹은 '유아론적 늪'이다. 나의 세계로부터 빠져나올 출구가 없다는 것, 나와 나 아닌 타인과 세계를 연결 지어주는 고리를 발견하기 어렵다는 것이 바로 이 함정의 알맹이다.

고립의 범주로 보는 시각은 비단 인식론뿐 아니라, 사회 이론과 윤리 및 가치 이론에도 확산되어 나타났다. 개인을 사회의 원자적 단위로 보고, 사회를 그러한 원자들의 연합으로 보는 사회 계약론을 비롯한 여러 가지 개체론적 입장이 그 두드러진 예들이다. 그리고 나는, 개인을 완전히 독립적이요, 자기 충족적인 하나의 왕국으로 본 칸트Immanuel Kant(1724~1804)의 윤리 이론도 그러한 시각의 한 형태라고 본다. 서양에 있어서 근세 이후에 나타난 자유주의적 전통 아래에 있는 정치, 경제, 사회 이론들은 기본적으로 이러한 고립의 범주를 그 바탕에 깔고 서 있다고 본다.

인간과 인간의 관계, 인간과 자연의 관계를 지배와 정복의 관계로 파악하는 사고방식은 고립의 범주로 사물을 보는 시각 위에 서 있다. 한 인간과 다른 인간의 관계를 지배와 정복의 대상으로 본다는 것은, 한 인간의 삶을 구성하는 체계가 다른 인간의 그것과 완전히 독립된 자기 충족적인 닫힌 체계임을 전제한다.

만일 그것이 그러한 자기 충족적인 닫힌 체계가 아니라, 서로 의존적 관계를 가진 열린 체계라면, 나의 지배와 정복의 대상이 되는 타인 삶의 내용이 내 삶의 내용에도 큰 변화를 가져오게 될 것이기 때문이다. 나의 지배와 정복의 대상이 되는 존재의 삶의 행불행의 조건이 나의 삶의 행불행의 조건과 뗄 수 없는 관계를 맺고 있다면, 내가 타인을 지배하고 정복함으로써 초래하게 되

는 것은 나의 행복의 증진이 아니라, 나의 불행의 증진으로 귀결
되기 때문이다.

　　자연뿐 아니라, 인간도 지배와 정복의 대상이라는 생각은 근
세 이후 서구 문명권에 널리 퍼져 있는 매우 일반적인 신념이다.
오늘날 자연 공해와 자원 고갈의 위기로 불리는 현대 산업사회의
병리는 바로 자연을 정복의 대상으로 삼은 사고방식이 낳은 역사
적 귀결이다.
　　지배와 종속의 관계는 먹고 먹힘의 관계이다. 갑과 을이 먹
고 먹힘의 관계에 놓여 있다는 것은 을의 부정을 통해 갑의 존재
가 더 풍성해진다는 것을 말한다. 인간이 자연을 정복의 대상으로
삼고 있다는 것은 자연의 부정(파괴)을 통해 인간의 존재가 풍부
하게 된다는 것을 말한다. 어떤 대상(을)을 지배와 종속의 대상으
로 보는 것은 을의 존재가 갑의 존재와 본질적 연관을 맺고 있지
않은 상태에 놓여 있다는 것을 전제한다. 갑과 을은 서로에 대하
여 고립되어 있다. 갑과 을은 서로가 서로에 대하여 외톨이이다.
　　인간과 자연이 서로 고립의 관계에 있는 외톨이가 아니라는
사실은 자연 공해와 자원 고갈이 인간이 삶에 대해 얼마나 위협적
인 귀결을 가져올 것인가에 대한 예견에 의해 분명하게 드러나 있
다. 자연의 부정이 곧 인간의 부정으로 귀결된다는 것이 자연 공

해와 자원 고갈이 인류 문명의 위기로 인식되는 사실 속에 똑똑히 드러나 있다.

자연 공해가 분명히 우리에게 드러내주는 중요한 점은 인간과 자연은 고립적인 관계에 놓여 있는 자족적이며 독립적인 두 체계가 아니라는 점이다. 겉으로 사물을 보는 눈에는 그 둘은 별개의 독립적인 존재들로 보인다. 그러나 깊은 의미에서 그것들은 서로 아무 인연이 없는 고립적 존재가 아니다.

지배와 정복에 의해 대상을 부정하려는 몸짓은 고립의 범주로 세상을 보는 시각에서 귀결되는 타락한 모습이다. 고립은 존재의 참모습이 아니기에, 고립의 범주로 세상을 재단하고, 그 범주에 따라 실천의 몸짓을 하게 되면, 자기 파멸적인 함정에 빠지게 된다. 이것은 바로 지배와 종속에 의한 대상의 부정이 자기부정으로 귀결된다는 사실 속에 드러난다.

이런 점은 인간과 인간의 관계 속에서도 마찬가지다. 개인을 자기 충족적인 고립적 존재로 봄으로써 빠지게 되는 인식론적 귀결은, 앞에서 지적한 바와 같이, 유아론적 곤경이다. 그리고 그 가치론적 귀결은 지배와 종속이 빚어내는 적대적 관계이며, 그 존재론적 귀결은 타자의 부정에 의한 자기부정이다.

개체를 고립의 범주로 보는 입장과 마주 서는 한 극단은 개체를 부정하고 그 어떤 전체 속에 자신을 안겨버리는 입장이다. 전체론과 전체주의가 바로 그런 유형의 전형이다. 개체론과 개체주의가 개체에게 부여하던 모든 특성을 전체에 부여함으로써 나타나는 것이 바로 전체주의요, 전체론이다. 여기서 전체야말로 존재의 기본 단위이며, 자기 충족적인 독립적 체계이다. 그리고 거기서 개체는 전체 속에 함몰된다. 그러기에 전체론에 있어서 개체는 인식과 존재와 가치의 출발점도 아니며 준거점도 아니다. 전체가 그 모든 역할을 떠맡는다.

여기서 우리는 두 가지 극단적 입장 앞에 서 있다. 개체를 자기 충족적인 폐쇄적 체계로 보는 입장과 전체 속에 개체를 함몰시켜 거기에 자신을 종속시켜버리는 입장이 그것이다. 그런데 이 두 입장은 서구의 역사에서 보여주는 바와 같이 모두 문제를 안고 있다. 이것이 바로 우리의 문제 상황이다. 이 두 극단을 넘어서게 해주는 대안은 없는 것일까?

VII. 서로 맞물림의 틀

서로 맞물림의 틀은 고립된 개체와 전체 속에 함몰된 개체라는 두 극단으로부터 탈출할 출구를 보여준다. 이 틀 속에서 개체는 닫힌 체계 속에 고립되어 있지도 않으며, 또한 개체가 전체라는 애매성 속에 녹아버리지도 않는다. 개체는 자기의 동일성을 유지하되, 자기와 관계를 맺고 있는 존재와 서로 맞물림으로써 자기일 수 있다. 내가 나일 수 있는 것은 너와 맞물려 있기 때문이며, 네가 너일 수 있는 것도 나와 맞물려 있기 때문이다.

이 **맞물려 있음**의 존재의 양식은 **상호 의존성**이며, 그 인식론적 양식은 **상호 주관성**이며, 그 가치론적 양식은 공정성이다. 상호 주관성이란 보는 자들 사이에 맞물려 있음이며, 상호 의존성은 하나가 다른 하나와 서로 얽혀 있음으로써 서로가 서로를 있게 하는 방식이며, 공정성은 서로가 서로에게 주고받음에 일그러짐이 없이 맞물려 있음을 말한다.

상호 의존성은 '더불어 있음'의 존재론적 표현이며, 상호 주관성은 '같이 앎'의 인식론적 표현이며, 공정성은 '함께 잘삶'의 가치론적 표현이다. 더불어 있음은 지배와 종속을 통해서 타자를 부정하는 삶으로부터 탈출할 수 있는 새로운 존재의 지평을 열어주며, 같이 앎은 유아론으로부터 나오는 불가지론과 회의론의 함정에서 벗어나 우리를 진리로 인도하는 길을 열어준다. 그리고 함께 삶은 억압과 빼앗고 빼앗김의 아비규환의 수라장으로부터 우리를 자유롭게 해준다.

상호 주관성은 인간과 인간 사이에 인식론적 단층을 연결하는 고리이며, 공정성은 인간과 인간 사이에 나타나는 이해의 단절과 갈등을 풀어주는 화해의 매개이다. 그리고 인간과 인간 사이의 상호 의존성은 타자의 부정이나 제거가 인간의 참된 양식이 아니라 공존共存이 인간 존재의 애초의 모습임을 보여준다.

이와 같은 서로 **맞물림의 틀**은 **인간과 인간 사이에 유효**할 뿐 아니라, 인간과 자연 사이에도 유효하다. **인간과 자연 사이**의 맞물림의 인식론적 귀결은 인간 지식을 인간의 인식 조건과 대상의 존재 특성의 함수라는 등식을 낳는다. 그리고 그 존재론적 귀결은 일종의 실재론으로 우리를 인도한다. 관념론은 고립의 범주가 낳는 존재론적 귀결이다. 그리고 인간과 자연 사이에 맺어지는 가치론적 맞물림은 인간의 자연에 대한 일방적 착취와 정복이 아니라, 자연과 더불어 어울림이며, 서로 주고받음에 기울어짐이 없음을 지향한다. 자연 공해와 자원 고갈은 인간과 자연을 서로 맞물림의 틀이 아니라, 고립의 틀에 따라 세상을 재단한 사람들이 초래한 타락의 한 모습이다.

그러면 여기에 제시된 '서로 맞물림'의 틀은 어떻게 정당화될 수 있는 것일까? 한마디로 표현하면, 그것은 모든 사실의 탐구에 앞서서 우리가 전제하는 **선험적**인 **규제적 원리**다. 그렇다면 그것은 하나의 자의적인 독단과 어떻게 구별될 수 있는가? 이것은 매우 중요한 물음이다. 이 물음에 대한 적절한 해답을 제시할 수 없다면, 우리가 여기서 제시하는 새로운 틀은 아무 쓸모 없는 한 사고의 기동훈련에 지나지 않을 것이다.

한마디로 잘라 말하면, 우리는 언어 작동 가능성과 진리에의 접근 가능성에서 그 해답의 불빛이 스며 나오고 있음을 감지할 수 있다. 언어 가능성은 상호 주관성의 육화incarnation이다. 그리고 그것은 **실재론**을 함축한다. 달리 표현하면 철학의 출발점은 근세 서양 철학 이후의 전통이 붙들었던 고립된 '나'가 아니라 우리라는 것이 언어 가능성 속에 드러나 있으며, 관념론이 아니라 실재론이 언어 가능성에 의해 함축된다. 실재론은 서로 맞물림의 존재론적 전제이며, 상호 주관성은 서로 맞물려 있는 인식론적 모습이다.

진리 접근 가능성에 의해 드러나는 것은 무엇인가? 우리는 진리의 기능을 두 가지 측면에서 나누어볼 수 있으리라. 무엇이 어떠함을 있는 그대로 알려주는 것이 그 한 측면이요, 어떤 상황에 적합한 힘이 무엇인가를 처방해주는 것이 그 다른 한 측면이다. 앞의 것을 인식의 진리라고 한다면, 뒤의 것을 가치의 진리라 부를 수 있다. 인식의 진리와 가치의 진리는 서로 뿌리가 전혀 다르다는 주장이 흄 이후 서양 철학의 상식처럼 통용되어왔다. 그러나 나는 깊은 의미에서 그 둘은 하나의 뿌리로부터 나온 두 개의 가지에 불과하다고 주장하려고 한다. 그러나 이것은 여기서 내가 말하려는 것의 줄기가 아니므로 이것에 관한 더 이상의 논의를 여기서 억제하지 않을 수 없다.

나는 진리 접근 가능성은 인식 주체와 인식 대상 사이에 적어도 존재론적으로 서로 맞물림의 관계가 있음을 전제한다고 본다. 대상에 대한 인식 내용이 인식자의 존재 양식에 결정적으로 작용하며 인식자의 존재 양식이 인식 대상에 대한 인식 내용을 제약한다. 적어도 자연이 어떠어떠하다고 우리가(인간이) 말하는 그 내용(지식)이 단순히 인간의 머릿속의 허상이 아니라, 자연의 참모습에 가까운 것이라고 우리가 믿어도 좋은 까닭은 그 **믿음에 토대를 두고 이루어지는 인간의 실천이 인류의 생존**을 아직도 가능케 하였다는 사실이 우리에게 그 믿음에 대한 어느 정도의 타당성을 부여해주기 때문이다. 대상에 대한 인간의 인식 내용이 대상의 참모습과 거리가 멀 때, 그 인식 내용은 인간의 삶을 낭패로 인도할 것이다.

우리 인간의 삶을 낭패로 이끌어 넣은 인식 내용은 진리가 아니다. 인간과 자연 사이의 상호 의존성에 바탕을 둔 더불어 있음을 노리는 새로운 관계 맺음의 문명의 새 전략에 의해서만 생존의 낭패로부터 인간을 구제할 수밖에 없다는 위기 앞에 현대인은 서 있다. 서로 맞물려 있음의 존재론적 양식은 상호 의존성의 틀에 의한 삶의 전략이 우리를 파멸로부터 구제할 수 있다면, 그것은 진리에 가까운 명제일 것이다.

음양의 개념은 서로 맞물림의 틀을 보여주는 하나의 전형이라고 볼 수 있다. 그러나 여기서 우리가 분명히 지적해야 할 것은 '서로 맞물림'이라는 개념은 그 어떤 경험적인 사실에 의해 확증되는 그 어떤 존재의 성격이라기보다는, 존재하는 것들을 경험적으로 보다 설득력 있게 기술하기 위해 필요한 존재에 대한 기본 시각이다. 이런 의미에서 그것은 선험적인 규제적 원리라 할 수 있다. 따라서 어떠한 경험적인 사실에 의한 어떠한 확증도 이 원리에 대한 타당성은 보증해주지 못한다. 아마도 그 궁극적 설득력은 그것이 얼마나 우리의 응어리들과 문젯거리들을 풀어주는 멋진 개념의 지도인가에 달려 있을 것이다.

여기에 우리가 첫선을 보인 것은 그러한 시원스러운 멋진 개념의 지도를 본격적으로 그리는 작업에 착수하기 전에 그저 그려보는 하나의 스케치에 불과하다. 하나의 생각의 초벌구이일 뿐이다.

Ⅷ. 초월의 삶의 태도

철학함은 개념의 지도 그리기라고 하였다. 그러한 지도 그리기 작업이 노리는 것은 인간을 곤경으로부터 해방시키는 일이다. 개념의 혼란이 빚어내는 고통으로부터 자유롭게 함과 동시에 억압적인 상황의 탈바꿈을 통하여 우리를 번뇌로부터 자유롭게 함이 바로 그것이다.

비록 초벌구이에 불과한 것이나, 우리가 여기서 서로 맞물림의 틀을 제시하면서 마음에 두고 있었던 생각의 실마리는 이것이다. 오늘 우리가 피부로 느끼는 문제들의 뿌리를 더듬어 찾아 들어가면, 우리가 만나게 되는 근본적인 문제는 인간과 인간의 관계, 인간과 자연의 관계, 그리고 자기 자신과의 관계를 어떤 틀에 따라 보는가 하는 문제로 귀착된다고.

오늘 한국 사람이 부딪치고 있는 크고 작은 많은 문제도 근본적으로는 이런 동일한 궤도에 놓여 있다. 통일 문제가 그러하며, 이데올로기적인 문제가 그러하며, 민족주의의 문제와 민주화의 문제도 그 예외가 아니다. 그리고 오늘 인류 전체가 당면한 과학기술 문명의 병리적 현상과 관련된 여러 가지 문제가 또한 그 궤도 위에 놓인 문제들이다. 그와 동시에 인간은 어떤 존재이며, 세계는 어떤 구조로 되어 있는가와 같은 근본적인 물음 앞에서 우리가 손에 쥘 수 있는 진리란 도대체 어떤 것인가 하는 보다 근본적인 이론적 문제와도 만난다. 이것 또한 우리가 회피할 수 없는 엄숙한 문제들이다. 철학은 이 모든 물음 앞에 서 있다. 그리고 이 물음은 모든 생각하는 사람들이 마땅히 품을 수 있는 의문이며, 관심거리들이 아닐 수 없다.

우리가 여기에 내놓은 **서로 맞물림**의 틀은 이런 여러 가지 문제들과 뿌리에서 서로 만난다. 그러나 그것이 어떻게 만나고 있는가에 관한 자세한 논의는 여기에 제시되어 있지 않다. 여기서 우리가 시도한 것은 그것들의 얼개를 서툴게나마 제시하는 것이다. 이런 제안이 무언가 생각해볼 만한 가치가 있다고 여기는 많은 사람의 공동의 노력에 의해서 여기에 뿌린 씨앗은 그 어떤 결실을 기대해볼 수 있을는지 모른다.

마지막으로 한 가지 덧붙여 지적하고자 하는 것은 이것이다. 저 서로 맞물림의 틀이 함축하는 것의 하나는, 내가 '**초월의 삶의 태도**'라고 부르고자 하는 자기 자신과의 관계 맺음의 방식이다. 인간과 인간, 인간과 자연의 **애초의 모습**이 서로 맞물림의 꼴이라면, 인간이 자기 자신과 맺는 관계 양식은 **초월의 삶의 태도**일 수밖에 없다.

초월의 삶의 태도란, 욕망의 대상의 충족을 지속적으로 도모하는 데 삶의 초점을 두기보다는 서로 맞물림이라는 원초적 구조와 어긋나는 자기 욕망에 대하여 초월적 태도를 취하는 삶의 자세를 말한다. 욕망의 고삐를 완전히 풀어놓는 것은 서로 맞물림이라는 존재의 원초적 구조와 맞닿지 않는다. 여기에 초월적 삶의 태도가 요청되는 사유가 있다.

이런 초월의 삶의 태도는 개념의 기동훈련만으로는 이루어질 수 없다. **자기의 탈바꿈**이라는 **됨**의 **사건**을 통해서만 가능하다. 여기서 우리는 철학함이 단순한 개념의 지도 그리기를 넘어선 됨을 노리는 몸짓과 말짓으로 이해되어야 하는 이유를 엿볼 수 있다. 물론 됨은 비단 개인의 차원에만 한정된 것은 아니다. 사회의 차원에서의 됨의 문제, 바람직한 모듬살이의 틀을 만드는 작업이 바로 그것이다.

인간과 세계를 서로 물려 있음의 틀 속에서 봄으로써 우리가 성취할 수 있는 것은 무엇인가? 그 대답은 이렇게 간단히 말할 수 있다. 서로 물려 있음은 존재의 원초적 구조이다. 오늘 우리가 골칫거리로 보는 중요한 문제들은 저 원초적 구조를 바로 보지 못한 데서 나온 질병들이다. **바로 봄**은 질병의 치유로 우리를 인도할 것이다. 그것은 참된 자기의 자리로 돌아옴이다.

2장

사유의 방황을 멈추는 비트겐슈타인의 지혜

I. '철학의 위기', '철학의 종언', 그리고 '해체'

'철학의 위기', '철학의 종언'은 오늘의 유행어가 되어버렸다. 오늘 누구보다도 이 유행어의 한복판에 서서 대단한 명성을 누리고 있는 사람은 리차드 로티Richard Rorty[1]이다. 대학 철학과의 울타리를 떠난 그는 마치 실험의 공포로부터 자유로운 듯 '철학의 종언'을 누구보다도 큰 목소리로 외치고 있다. 그러나 로티가 아니더라도 오늘날 철학의 학문 세계에 옛 그대로 그냥 안주할 수 있다고 자신 있게 말할 수 있는 사람이 그렇게 많은 것은 아닐 것

1   Richard Rorty, *Philosophy and the Mirror of Nature*(Princeton University Press, 1981).

이다. 철학의 정체 위기identity crisis가 도처에 편만한 것 같다. 우리는 지금 그 한가운데 놓여 있다.

오늘의 이러한 '철학의 종언'에 대한 위기의식의 뿌리가 어디에 있는지, 그 '철학의 종언end of philosophy'의 인식을, 맨 처음으로 명료하게 표현한 사람은 로티가 아니라, 20세기 철학의 슈퍼스타인 루트비히 비트겐슈타인이다. '철학의 종언'에 대한 비트겐슈타인의 생각은 그의 전기와 후기에 일관되어 있다. 전기와 후기에 있어서 '철학의 종언'에 관한 차이가 있다면, 그것은 '종언'을 말하는 방법에 있다. 물론 여기서 종언을 고하게 되는 철학이란 비트겐슈타인 이전의 철학이다.

잘 아는 바와 같이 전기의 젊은 비트겐슈타인은 수정과 같이 투명한 논리의 칼을 동원하여 철학의 종언을 선언하였다. 분명하게 말할 수 있는 말(언어)이 되기 위한 기준을 제시한 후 그 기준을 충족시키지 못하는 말에 대해서는 침묵을 선언하였다. "우리가 분명히 말할 수 없는 것에 대해서는 침묵을 지켜야 한다." 이것은 그의 전기 사상을 집약해놓은 『논리-철학 논고Tractatus Logico-philosophicus』[2]의 마지막 문장이다.

2   루트비히 비트겐슈타인, 『논리-철학 논고』(이영철 역, 책세상, 2006).

중년에 접어든 이후 전개되는 그의 후기 사상은 전기의 '수정과 같이 투명한 논리'의 잣대로 언어를 검색하던 입장으로부터 떠나, '거칠고 투박한 대지rough ground'에 다가선다. 말하자면 순수 사유의 차원으로부터 자연과의 관계를 맺으면서 엮어져 가는 삶의 활동 현장으로 그의 시선이 향한다. 언어가 이제는 투명한 논리의 그물만으로써가 아니라, 삶의 얽힘의 그물 속에서 어떻게 작용하는가를 그는 눈여겨본다.

이러한 새로운 시각을 통하여 언어를 검색한 후 그는 자기 이전의 철학적 언어에 종지부를 찍고자 한다. 자동차의 동력 체계와 연결되지 않은 채 '겉도는 엔진idling engine과 같은 공허한 언어', 일하지 않고 '휴가 떠난 언어language on holiday', 이러한 언어가 철학의 문헌 속에 가득 차 있다고 루트비히 비트겐슈타인Ludwig Josef Johann Wittgenstein은 진단한다.

프랑스의 자크 데리다Jacques Derrida(1930~2004)는 '해체 deconstruction'라는 신조어를 만들어 많은 사람의 시선을 끌고 있다. 해체라는 낱말은 철학의 담론 속에서 흔히 쓰인 말이 아님은 분명하다. 그러나 그가 해체라는 구호를 내걸고 하는 일은 결코 그가 처음으로 하는 그런 일은 아니다. 비트겐슈타인이 철학의 '종언'을 말하며 수행하고 있는 것이 바로 다름 아닌 해체 작업이다.

비트겐슈타인은 자기 이전에 세워진 많은 철학의 건축물들이 하나의 '공중누각Luftig Gebäude'임을 보여줌으로써 그것이 스스로 해체되도록 하려고 한다. 비트겐슈타인의 해체 공법의 핵심은 뻔히 눈앞에 있지만, 너무 친숙하기 때문에 사람들의 시선을 끌지 못하던 것에 주의를 집중시킴으로써 허구의 모습이 스스로 드러나도록 하는 데 있다. 말하자면 '있는 그대로의 모습'을 묘사해놓음으로써 사람들의 시선을 집중시켜 허구의 진상이 드러나도록 하는 것이 그의 해체 공법인 셈이다.

예수도 일찍이 귀가 있어도 듣지 못하며 눈이 있어도 보지 못하는 사람들의 현실을 개탄하여, "귀가 있는 자는 들을지어다!"라고 외친 바 있음을 우리는 알고 있다. 사색의 미로迷路는 그래서 사람들을 사로잡게 된다. 눈이 있다고 해서 미로에서 빠져나갈 수 있는 것이 아니다. 눈이 있고 귀가 있어도, 그리고 생각하는 능력, 말하는 능력이 있어도 우리는 사색의 미로에서 방황한다.

마치 파리 병fly-bottle에 갇힌 파리가 훤히 열려 있는 출구를 인식하지 못한 채 파리 병의 벽에 부딪히며 빠져나가려고 안간힘을 쓰는 것과 마찬가지다. 한 방향으로만 사물을 보는 눈에는 출구가 안 보인다. '억지 수'를 써보나, 그것은 불가능일 뿐이다. 안 되는 것은 안 될 뿐이다. 그것은 인간의 한계이며 동시에 세계의 한계이다. 그 한계를 깨닫는 것이 인간의 성숙함이며, 또한 최고의 지혜이다.

대답이 없는 물음, 대답할 수 없는 물음을 묻지 않는 것은 인간의 성숙이요, 인간의 지혜이다. '왜'라는 물음에는 끝이 있다. 끝없이 계속해서 '왜'라는 언어를 내뱉는 것은 미성숙의 결과이다. 이런 점에서 철학자들은 어린애들과 닮은 데가 있다.

비트겐슈타인은 이렇게 우리에게 권유한다. 주어진 것을 받아들일 수밖에 없다. 암반이 나오면 땅을 파던 삽을 내려놓을 수밖에 없다. 그냥 밀어붙이려고 하는 것은 어리석은 일이다. 그렇게 한다고 무엇인가 이루어지는 것은 아니기 때문이다. 공회전하는 엔진은 아무리 강력하게 돌아가도 자동차를 한 치도 움직일 수 없다. '겉돌고' 있을 따름이다. 겉도는 생각, 겉도는 언어는 아무것도 할 수 없다. 헛수고, 미로 속의 행각이 있을 따름이다. 피로와 고통이 뒤따를 뿐이다. 겉으로는 엄청나 보이지만, 결국은 한 방울의 물처럼 어디론가 증발해 사라질 뿐이다.

비트겐슈타인이 해체하고자 했던 자기 이전의 철학이란 구체적으로 무엇인가? 특히 그의 후기 사상이 겨냥하고 있었던 해체의 대상은 무제약無制約의 관점, 즉 절대의 관점에 도달하려는 사고思考이다. 그리고 이러한 사고가 낳은 철학적 이론들이다. 구체적으로 해체의 과녁은 데카르트의 사상과 데카르트가 세워놓은 터전 위에 서 있는 서구의 근대 이후의 철학적 전통이라고 볼 수 있다.

II. 절대라는 고지

지나간 서양의 철학사는 절대라는 고지高地를 점령하기 위한 미로 행각의 기나긴 수난사라고 해도 과언이 아닐 것 같다. 모든 조건이 없는, 무제약적인 관점을 서양의 학자들은 '절대'라고 표현했다. 그뿐만 아니라 절대는 변화가 없는, **영구불변한 것**, 그리고 **최후의 것**을 함축했다. 최후의 영구불변한 어떤 것이기에 그것은 모든 것을 그 안에 포함하는 **궁극적인 것**이기도 하다. 지나간 서양의 철학사는 이러한 관점에 도달하려는 끊임없는 노력의 표현이며, 또한 이러한 관점에서 본 인간과 세계의 모습에 대한 언어들의 집합이라 볼 수 있다.

소크라테스를 비롯하여 플라톤과 아리스토텔레스는 절대에의 탐구 여행을 떠났던 대표적 인물이다. 그러나 그 예외가 있다면 '소피스트'라 불린 사람들이었다. 이러한 **절대**의 탐구는 서양 철학사의 중심축을 형성해왔다고 볼 수 있다.

그러나 중세에 이르러서는 **절대**에의 탐구가 **절대자**의 탐구와 동일시되었으며, 그것은 바로 신에 대한 탐구로 간주되었다. 그런데 신에 대한 탐구로서 절대의 탐구는 이성의 힘만 가지고는 안 된다고 보았다. 신의 계시revelation가 선행되었을 때만, 이성은 절대자로서의 신의 인식에 도달할 수 있다고 중세인들은 말한다.

무제약적인 관점을 획득하려는 노력으로서의 절대의 탐구는 근세 이후에도 계속되었다. 철학은 바로 그러한 무제약적인 관점을 획득하려는 노력과 그러한 무제약적인 관점에서 본 인간과 세계에 대한 이론들 이외에 다른 것이 아니었다. 그리스 철학에서는 그것을 '아르케Ἀρχή'에 대한 탐구라 표현했다. 그것은 최초의 것, 궁극의 것을 뜻한다. 그리고 그것은 **철학함의 출발점**을 뜻한다.

이러한 최초의 자리, 궁극의 자리, 절대의 자리를 사유의 출발점으로 삼고 탐구하는 지적 노력과 그 결과물에 대하여 붙여진 명칭이 바로 **절대 진리**였다. 철학은 다름 아닌 이러한 절대 진리의 추구와 동일한 것이다. 이것이 바로 서구의 전통적 철학관이다.

비트겐슈타인이 해체의 과녁으로 삼고 있는 대상은 바로 서구의 전통적 철학관이다. 그리고 그가 후기 사상을 통하여 일관되게 문제 삼은 것은 특히 데카르트가 설계해놓은 틀 위에 서 있는 근대 이후의 철학적 전통이었다.

Ⅲ. 근대의 출현과 데카르트의 설계

한마디로 근대의 출현은 중세의 해체를 전제로 한다. 데카르트의 저술은 바로 그 해체를 겨냥하고 있다. 그러나 데카르트는 정면 돌파를 피하고 우회 전략을 구사했다. '새로운 판'을 설계한다는 점에서 중세의 해체를 겨냥하고 있으나, 중세 전통과의 완전 단절이 아니라, 계승 발전을 꾀했다. 이 점에서 그는 역사의 현실에 대한 균형 있는 자세를 취했다고 볼 수 있다. 판은 새로 짜되 기존의 것들로부터 취할 것은 취한다는 것이 데카르트의 중세 해체 전략이라 볼 수 있다.

그는 철학함의 새로운 출발점의 모색을 『명상록』[3]을 세상에 내어놓음으로써 시작한다. 물론 그 핵심은 다 아는 바와 같이 방법론적 회의이다. 방법론적 회의는 기존의 것 전체를 회의의 대상으로 삼고, 일단 회의의 대상 안에 들어 있는 것들을 진리의 목록

---

3   르네 데카르트, 『성찰』(양진호 역, 책세상, 2011).

에서 제외한다. 방법론적 회의가 가동되기 시작하면, 지금까지 진리라고 가르쳐온 모든 것이 의심의 대상으로 확인되어 진리의 목록에서 제외된다. 이것은 무엇을 말하는가? 그것은 중세의 지도적 지식인들인 가톨릭의 성직자들이 진리라고 가르쳐온 모든 것이 전면 거부된다는 것을 의미한다. 그러고 나서 의심할 수 없는 최후의 거점, 무제약, 무전제의 거점에서 새로 시작하자는 것이 방법론적 회의가 제안하는 핵심 내용이다.

그 최후 거점이 바로 '코기토cogito', "나는 생각한다"이다. 나의 의식이 바로 그것이다. 이렇게 해서 '코기토'가 성역으로 등장한 것이다. 그 이외의 모든 것은 진리로 확인되기 전까지는 일단 전면 배제되는 것이다. '코기토'는 새 판의 출발점이다. 다른 모든 것은, 이 새판의 출발점으로부터 타당한 절차에 의해서 진리로 확보될 수 있을 때만 받아들여진다. 그렇지 않으면 모든 것은 허위와 다름없다. 이렇게 해서 '나의 의식'은 **절대적**이요, **궁극적**인 것으로 간주되고 있다.

데카르트는 '방법론적 회의'라는 불투명한 무기를 들고나와 엄청난 무게를 지닌 중세의 전통과 마주 선다. 그러고는 조용히 그 엄청난 전통의 권위에 침묵을 선언하는 것이다. 참으로 놀라운 지적 혁명이 시도되고 있는 것이다. 갈릴레오의 "지구는 돈다"라는 말을 이단의 언어라고 배제할 수밖에 없었던 중세의 생각의 틀, 사유의 '문법'을 이제 데카르트는 방법론적 회의라는 새로운 무기로 해체시키고 있는 것이다. 데카르트는 중세의 전통을 해체시키되, '해체'라는 위협적인 말을 사용하지 않은 채 전면적인 해체를 시도하고 있는 것이다.

그리하여 중세의 엄청난 지적·종교적 전통이 차지하고 있던 그 중심의 자리에 '코기토(나의 의식)'가 절대적 권위와 특권을 가지고 자리 잡게 되는 것이다. 중세의 문법을 몰아내고, 그 자리에 '근대적 문법'을 군림케 하는 새판 짜기를 데카르트가 『명상록』을 통해서 구상했다. 이렇게 해서 교황의 무오류 대신에 '나의 의식'의 수정 불가능성incorrigibility이 자리를 잡게 된다. 이것은 바로 대단한 휴머니즘의 개가가 아닐 수 없다. 여기서 우리는 '사유하는 개체'와 '이성'에 대한 대단한 신뢰를 엿볼 수 있다. 이것이 바로 근대의 계몽주의가 드높이 추켜세운 인간 이성에 대한 절대 믿음의 표현이다.

이리하여 '코기토'는 근대 이후 서구 철학의 근간을 형성한 철학의 기본 출발점으로 당연시되었다. 그것은 비단 합리론에만 한정된 것이 아니었다. 경험론도 합리론과 마찬가지로 '나의+의식'을 철학의 출발점으로 전제한다. 합리론과 경험론은 철학의 출발점이라는 가장 근본적인 테제에서 동일한 입장에 서 있다. 단지 합리론은 나의 의식 안에 있는 경험 이전에 기원을 둔 관념에 인식적 정당성을 부여함에 반해, 경험론은 경험에 원천을 둔 관념에 인식적 정당성을 부여한다는 차이가 있을 따름이다.

나의 의식을 기본 출발점으로 삼은 것은 비단 근대 철학에 한정되는 것이 아니다. 근대 합리론의 전통을 계승한 현상학phenomenology과 경험론을 계승한 현대 영미 철학의 현상론phenomenalism도 그 기본 출발점을 공유하고 있다. 이렇게 볼 때, 나의 의식은 근대 이후 서구 철학의 핵심적 지주支柱라고 볼 수 있다.

그러면 나의 의식을 철학의 출발점으로 삼는다는 것은 무엇을 함축하는가? 무엇보다도 그것은 인식론을 철학의 최우선 과제로 삼는다는 것을 의미한다. 한마디로 표현해서 제일 철학의 위치에 인식론을 격상시킨다는 것을 말한다. 즉 인식론적 물음들이 다른 어떤 철학적 물음보다 선행한다는 것을 말한다. 이렇게 인식론이 제일 철학이라는 믿음은 근대 이후 서양 철학의 숨은 전제가 되어버렸다. 그런 믿음은 서양 근대 철학이 짜놓은 사유의 문법의 핵심적인 씨줄이라 볼 수 있다.

'나의 의식'에 이러한 철학적 위상을 부여함으로써 자연스럽게 드러나는 또 하나의 중요한 철학적 귀결은 **정신의 존재론적 위상**의 강화이다. 정신을 비의존적·독자적인 존재 체계로 보는 것이 그것이다. 정신과 물질의 이원론과 정신 일원론(유심론)은 정신을 **비의존적·독립적인 존재 체계**로 보는 관점을 공유하고 있다. 우리가 다 아는 바와 같이 데카르트는 이원론의 길을 선택했다. 그렇게 함으로써 정신의 독자적 존재 체계로서의 위상을 확보했다.

또한, 데카르트가 이원론을 선택한 데는 다른 동기가 작용하고 있었을 것이다. 앞에서 지적한 바와 같이 그는 중세의 전통과의 정면충돌을 피하면서 철학의 새판 짜기를 기획하였다. 이원론은 바로 중세와의 정면충돌을 피하면서 자연에 대한 법칙적 설명을 제공하는 신학문을 수용할 수 있는 새로운 가능성을 열어놓을 수 있기 때문이다. 그렇게 함으로써 중세의 전통과 갈릴레오의 충돌과 같은 불상사가 다시 일어나지 않도록 하는 새로운 타협의 묘수를 자기 시대에 던져줄 수 있기 때문이다.

중세가 애지중지하는 목적론적 사고는 정신의 세계에 적용하고, 자연에 대한 법칙적 설명을 제공하는 신학문은 물질세계에 적용 가능하다는 방식으로 구획 분할을 위한 존재론적 바탕을 이원론은 제공해줄 수 있다. 그렇게 함으로써 중세 전통과의 절묘한 화해의 길이 열리게 되는 것이다. 이렇게 옛것의 계승을 통한 새판 짜기는 이런 점에서 온건한 지적 대혁명의 프로그램인 셈이다.

근대의 출현과 더불어 나타난 서양 철학의 또 하나의 중요한 생각의 기둥은 존재와 당위는 근본적으로 구별된다는 생각이다. 그런데 존재는 자연과 동일한 것으로 논의되기도 하였으며, 당위는 규범과 가치와 동일한 것으로 파악되기도 하였다. 이런 존재와 당위의 구별은 흄에 의해서 발상되고 칸트에 의해서 이론화되었음은 주지의 사실이다.

그런데 존재와 당위의 구별은 정신과 물질의 이원론으로부터 도출되는 논리적 귀결이 아님은 분명하지만, 양자 사이에 깊은 연관이 있음을 우리가 간과해서는 안 된다. 물질세계와 정신세계를 지배하는 두 질서의 차이가 존재와 당위의 구별을 적어도 간접적으로 지원해주고 있음을 우리가 확인할 수 있다. 칸트의 경우 존재인 물질세계는 인과법칙에 의해서 설명되는 질서를 지니고 있으며, 당위가 적용되는 정신세계는 자유의 원리라는 질서에 따라 움직인다. 정신의 세계가 당위의 세계인 것은 자유가 가능하기 때문이다. 만일 물질세계처럼 인과법칙에 의해 지배받는 세계라면 당위란 성립할 수 없다.

여기서 우리가 엿볼 수 있는 것은 존재와 당위의 구별이 물질과 정신의 구별로부터의 직접적인 논리적 귀결은 아니더라도, 양자 사이에 깊은 이론적 연관이 있다는 점이다. 이러한 점으로부터 우리는 다음과 같은 통찰에 도달하게 된다. 근대 서양 철학의 기본 틀을 형성하고 있는 핵심적 생각들, 즉 철학의 절대의 거점이요 출발점으로서의 나의 의식과 나의 의식의 특권적 성격, 물질과 정신의 이원론, 그리고 존재와 당위의 구별, 이 세 가지 핵심적 생각들 사이에는 깊은 연관이 있다는 점이다. 이 세 가지는 연쇄고리처럼 서로가 서로에 매달려 있다. 이러한 의미에서 세 가지는 서로 동떨어진 낱개의 생각들이 아니라, 하나로 연결된 '생각의 다발'이라고 할 수 있다. 이 '생각의 다발'을 나는 **문법Grammar**이라고 부르고자 한다.

결국, 우리는 여기서 서양 근대 철학의 문법이라고 부를 수 있는 일련의 생각의 다발과 만나고 있는 셈이다. 비트겐슈타인이 하고자 한 것은 자기 이전의 철학의 문법에 이상이 있음을 진단하고 그것을 해체하려 한 것이라고 볼 수 있다.

Ⅳ. 비트겐슈타인과 근대의 해체

배경이 결여된 그림의 한 조각을 여러 가지 다른 배경에다 바꾸어가며 놓다 보면, 한 조각의 모습이 전혀 다른 뜻을 가지고 우리에게 나타난다. 실오라기 하나 걸치지 않은 여인의 그림 한 조각이 있다고 하자. 그것을 다음과 같은 여러 가지 배경을 바꾸어가며 놓았을 경우를 상상해보자. 목욕탕을 배경으로 했을 경우, 자기 집 거실을 배경으로 했을 경우, 해수욕장을 배경으로 했을 경우, 광화문 네거리를 배경으로 했을 경우, 성당의 연단 한가운데를 배경으로 했을 경우, 우리는 여기서 아주 정상적인 여인의 모습으로부터 도저히 있을 수 없는 짓을 하는 여인의 모습으로 점차 바뀌어가는 것을 읽을 수 있다.

배경은 한 사물의 의미를 결정한다. 문맥도 마찬가지다. 문맥을 떠난 낱말과 문장은 그 자체 의미가 없는 것은 아니지만, 그것은 배경이 결여된 그림 한 조각과 같은 운명에 처해 있다.

비트겐슈타인은 자기의 생각들을 단편적인 이야기로 적어놓곤 했었다. 그런 단편적인 이야기는 아무런 배경이 제시되어 있지 않다. 배경은 비트겐슈타인의 머릿속에 적혀 있었던 것 같다. 그의 후기 저작 『철학적 탐구』[4]는 그런 배경 없는 이야기들로 엮어져 있다. 그의 이름으로 출판된 다른 책들도 사정은 매한가지이다. 비트겐슈타인이 무엇을 생각했는가를 알아차리는 것은 그래서 너무나 어렵다. 배경이 없기 때문이다. 초보자만 어려운 것이 아니다. 엉뚱한 배경을 설정해놓으면, 엉뚱한 이야기가 된다. 그

---

4   루트비히 비트겐슈타인, 『철학적 탐구』(이영철 역, 책세상, 2006).

래서 비트겐슈타인에 대한 해석들은 너무나 다양하다. 다양한 것까지는 좋으나, 전혀 종잡을 수 없는 것이 너무 많다.

나는 지금부터 독자들에게 비트겐슈타인이 마음에 두었다고 믿어지는 하나의 배경을 제시하고자 한다. 그 배경은 바로 앞에서 내가 근대 이후 서양의 기본 틀이라는 이름 밑에 대충 제시해놓은 그것이다. 그것은 내가 근대 철학의 '문법'이라고 명명한 것이다. 비트겐슈타인이 마음에 두었던 배경을 근대 철학의 문법이라 생각하고 『철학적 탐구』, 『확실성에 관하여On Certainty』[5] 그리고 『비망록Zettel』[6] 등을 한번 읽어보기를 독자들에게 권유하고 싶다. 그러면 그 알 수 없는 말들이 분명한 의미를 지니고 여러분 앞에 다가올 것이다.

무제약적인 관점, 아무 조건이 없는 관점, 즉 절대의 관점에 대한 추구를 시도하는 사람들을 머릿속에서 배경으로 삼고 비트겐슈타인은 말한다. 그리고 그는 그러한 절대적인 출발점으로서 '나의 의식 활동'을 제시하려는 사람들을 머릿속으로 생각하면서

---

5   루트비히 비트겐슈타인, 『확실성에 관하여Uber Gewissheit』(이영철 역, 책세상, 2006).

6   루트비히 비트겐슈타인, 『쪽지Zettel』(이영철 역, 책세상, 2018).

여러 가지 경우를 상상해보라고 권유한다. 나의 의식은 **어떤 특권적 위상**을 지니고 있다고 생각하는 사람들을 머리에 두고 그는 또 여러 가지 이야기를 한다. 마음은 물질로부터 완전히 독립된 독자적인 존재 체계라는 것이 과연 어떤 함축을 가지고 있는가를 생각해보기를 그는 권유한다. 그리고 존재와 규범은 근본적으로 다르다는 생각이 어떤 함축을 지니고 있는지를 검토해보기를 그는 권유한다.

비트겐슈타인이 이런 이야기를 하면서 드러내고자 하는 것은 '근대적 문법'은 결국 하나의 '공중누각Luftig Gebäude'이라는 것이다. 그것들은 겉으로는 그럴듯하게 보이지만, 속을 하나씩 뒤집어보면 '공회전하는 엔진'처럼 헛바퀴만 돌고 있음이 드러난다고 그는 말한다. 사적 언어private language, 확실성certainty, 규칙 따르기rule-following 등과 같은 주제 밑에 그가 하고자 하는 것은 바로 저 근대적 문법이 얼마나 허술한가를 여러 시각에서 들춰내고자 하는 데 있다. 그 정체가 드러나는 순간 그 거대한 이론의 성채는 공중에 증발해버리는 한 방울의 물방울의 처지와 다름없다는 것을 그는 보여주고자 한다.

그렇게 함으로써 파리 병에 갇힌 파리처럼 엉뚱한 출구를 찾아 방황하는 고뇌로부터 사람들을 해방코자 한다. 중세의 전통으로부터 벗어나기 위한 새로운 탈출구로 제시되었던 근대의 문법이 이제는 우리가 벗어나야 할 사유의 족쇄가 되고 있음을 그는 보여주고자 한다. 첫 단추가 잘못 끼워지면, 그 이외의 모든 단추가 엉뚱한 자리에 끼워지게 마련이다. 근대의 문법의 첫 단추가 잘못 끼워져 있으면, 그것과 함께 매달려 있는 생각의 고리들, 생각의 다발 전체가 엉뚱한 곳에 매달리게 마련이다. 사유의 절대적 출발점에 대한 추구는 엉뚱한 궤도에 잘못 설정된 문제이다. 절대는 인간의 몫이 아니다. 인간의 이야기는 조건이 붙은 관점의 제약 아래서 만들어진 말이다. 모든 조건과 제약을 넘어선 초월의 자리, 절대의 자리는 인간에게는 접근 불가능하다. 그것은 인간 능력의 피안에 있다.

우리 인간의 언어는 근본적으로 인간의 조건, 삶의 원초적 양식의 전제 위에서, 그리고 시간과 장소의 **좌표와 역사적 변수들의 제약 아래서만 작동한다. 이런 모든 조건을 넘어선 상황은 인간의 언어가 작동하는 상황이 아니다.**

나의 의식은 사적 언어를 함축한다. 사적 언어에서는 근본적으로 규칙을 따르는 것과 규칙을 따르지 않는 것과의 구별이 불가능하다. 왜냐하면, 그것은 오직 나의 의식 안에서만 통용되는 것이기 때문이다. 내가 그렇다면 그런 것이요, 그렇지 않다고 생각하면 그렇지 않은 것일 뿐이기 때문이다. 나의 의식 이외에 다른 어떤 참조 기준이 없기 때문이다.

언어는 말하는 자와 말을 듣는 자가 있으므로 작동될 수 있다. 그리고 말하는 자와 말을 듣는 자 사이의 공동 기반이 있을 때, 의사소통이 가능하다. 새가 말을 한다고 하더라도 인간이 새의 말을 이해할 수 없다. 새 또한 사람의 말을 이해할 수 없다. **새와 사람 사이에 언어 소통에 필요한 공동의 기반이 없기 때문이다.**

사적 언어는 언어 작용 가능성에 요구되는 조건이 결여되어 있다. 사적 언어는 불가능하다. 사적 언어가 불가능하다는 것은 나의 의식이 철학함의 출발점이 될 수 없음을 보여준다. 철학함은 언어의 가능성을 전제로 하기 때문이다. 철학의 출발점이 있다면, 그것은 언어가 가능한 영역이어야 할 것이다.

언어가 가능한 영역은 '나의 의식'이라는 나만의 내밀한 영역이 아니라, 말하는 자와 듣는 자의 기반을 전제로 한 영역이다. 그 공동의 기반을 비트겐슈타인은 '삶의 형식'이라고 표현했다. 나는 그런 원초적 공동의 기반을 **'원초적 삶의 형식'**이라 부른다. 이것은 사람이 생태적으로 지니고 태어나는 그 어떤 특성의 다발이라고 나는 생각한다. 인간들 사이에 언어가 가능한 것은 바로 이러한 생태적인 공동의 특성들을 지니고 있기 때문이다.

이러한 원초적 삶의 양식들은 우리가 거부하거나 받아들이거나 우리가 선택할 수 있는 그런 것이 아니다. 그것은 우리에게

주어져 있다. 나의 존재와 함께 주어져 있다. 그것들은 나의 존재로부터 분리해낼 수 있는 그런 우연적 특성이 아니다. 나의 **삶의 형식들과 나의 존재는 별개의 것이 아니다.** 따라서 그것은 나의 선택의 대상이 아닐 뿐 아니라 누구의 선택의 대상도 아니다. 그것은 문화의 영역에 따라 차이가 있을 수 있는 그런 문화적 요소가 아니다. **그것은 인류 공동의 것이다.**

인간이 무릇 언어를 배울 가능성의 기반은 바로 여기에 있다. 언어의 다양성은 이 공동의 기반을 넘어설 수 없다. 언어의 다양성은 문화적 요소와 상관관계가 있다. 언어의 다양성은 '문화적 삶의 양식'과 대응한다. 그러나 우리가 여기서 분명히 해야 할 것은 언어의 다양성과 문화적 삶의 다양성은 원초적 삶의 양식이라는 공동 기반의 전제 위에 서 있다는 점이다. 인간의 다양한 언어들을 배울 수 있는 토대가 바로 원초적 삶의 양식이다.

언어의 다양성은 문화적 다양성의 하나이다. 그러기에 그것은 문화적 삶의 양식과 결부되어 있다. 문화란 인간의 생태적 조건을 토대로 해서 인간이 자연과 관계를 맺으면서 창안해낸 인간의 제작이다. 사람이 작곡하고 음악을 연주하는 예술이라는 문화적 활동을 할 수 있는 것은 인간이 타고난 여러 가지 능력과 조건을 갖추고 태어났기 때문이다. 고양이나 개가 인간과 같은 예술 활동이라는 문화적 활동을 할 수 없는 것은 인간에게 생태적으로 주어진 것 같은 전제조건과 능력이 개와 고양이에게 결여되었기 때문이다.

　이러한 인간의 원초적 삶의 양식은 우리의 선택과 무관하게 이미 주어져 있다. 우리에게 여기에 남겨진 선택이 있다면, 아무런 선택도 하지 않고, 그냥 인정하는 것뿐이다. 거부할 수도 없으므로, 받아들인다고 말하는 것도 적합하지 않다. 우리가 받아들이기 전에 이미 주어져 있기 때문이다. 우리가 할 수 있는 것은 주어져 있음을 확인하는 것뿐이다. **선택**의 여지 없이 그냥 주어져 있는 것, 그리고 그것을 그냥 확인할 수밖에 없는 것은 결코 의심의 대상일 수 없다.

　의심은 언어가 작용 가능할 때만 가능하다. 우리의 선택을 넘어서서 주어진 공동의 삶의 양식은 바로 언어 가능성의 기반이다. 언어 가능성의 기반이 상실되었을 때 언어는 작동할 수가 없다. 원초적 삶의 가능성에 대한 회의는 언어 가능성 기반의 상실을 함축한다. 그런 회의는 불가능하다. 회의한다는 것은 언어 활동의 하나이며, 원초적 삶의 양식은 언어 가능성의 기반이기 때문이다. 그것은 언어가 언어의 가능성을 스스로 부정하는 것이다. 손이 없을 때, 손으로 무엇을 자를 수는 없다. 언어의 가능성을 부정하는 언어 활동은 불가능하다. 그것은 자기 패배의 함정에 빠져 있다.

'나의 의식'은 그러므로 철학함의 출발점이 될 수 없다. 철학은 사유의 활동이며 사유는 언어의 가능성을 전제로 하기 때문이다. 나의 의식 안에서는 언어의 가능성이 확보될 수 없다. 이처럼 나의 의식이 철학의 절대적 출발점이 될 수 없다면, 철학의 절대적 출발점이 요구되는 그 어떤 특권적 지위를 나의 의식에 부여할 필요가 없다. 그리고 그 특권적 지위를 확보하기 위한 지원 장치도 구태여 동원할 필요가 없다.

앞에서 우리는 나의 의식이 지닌 특권적 지위를 확보하는 지원 장치로서 정신이 독자적 존재 체제가 된다는 점에 관해 언급했다. 여기서 결국 우리는 나의 의식이 철학의 절대적 출발점이라는 근대 문법의 중요한 기둥이 무너지면, 그것을 떠받치고 있는 다른 기둥도 소용이 없게 되는 상황을 엿볼 수 있다. 소용이 없는 것을 구태여 어려운 공사를 해서 건축할 필요가 없다. 필요가 없는 것을 구태여 만들려고 애를 쓰는 것은 어리석은 일이다. 이원론은 어려운 공사를 감행하더라도 좀처럼 준공하는 데 성공하기 어려운 난공사 중의 난공사로 알려져 있다.

자금이 서로 물려 있는 회사들 사이에서는 한 회사의 도산이 다음 회사의 연쇄도산을 몰고 온다. 몇 개의 기둥이 서로 받쳐주고 있는 건물에서 대들보를 받치고 있는 기둥이 무너지면 나머지 기둥도 넘어지기 쉽다. 그리고 설사 한 기둥이 넘어지지 않고 그대로 버티고 서 있다 하더라도, 그것은 아무 소용이 없게 된다. 소용이 없는 것은 그냥 놓아둘 필요가 없다.

여기서 우리는 근대 문법의 해체가 어떻게 이루어지는가를 짐작할 수 있게 되었다. 비트겐슈타인은 근대적 사유의 집이 어떻게 축조되었는가를 여러 시각에서 조명하고자 했다. 그가 말한 단편적인 이야기들은 여러 시각에서 조명하여 찍은 앨범의 사진들이다. 내가 여기서 시도한 것은 그 앨범의 사진들이 보내주고자한 전체 풍경이 어떤 것인가를 개략적으로 묘사하는 일이다. 한마디로, 그것은 근대 문법의 해체라는 풍경이다.

V. 해체 뒤에 오는 것: 절대도 허무도 아니다

해체 공사가 갓 끝난 옛 집터는 황량한 폐허로 우리에게 다가온다. 근대 서구 철학의 문법이 해체되고 나면, 허무의 어두운 그림자가 드리운다. 누구보다도 프랑스의 데리다는 저 어두운 그림자를 길게 드리우고 있다. "이성이여 안녕!", "아무것도 좋다"

를 외치는 파이어아벤트Paul Feyerabend(1924~1994)[7]는 앙시앵 레짐ancien régime을 무너뜨린 혁명가들처럼 해체 작업의 성공을 축배를 들어 노래하는 듯 밝은 표정을 짓기도 한다. 프랑스의 해체꾼들은 니체Friedrich Nietzsche(1844~1900)의 후계자임을 자타가 공인하는 사람들이다. 무엇보다도 "신이 죽었다"라는 니체의 절대자 부고장을 원수의 사망 소식처럼 반긴다. **절대 유일**의 기준이란 없다. 그것은 신의 사망과 더불어 사라졌다. **유일**한 진리, **절대 진리**도 없다. 진리의 절대 기준이 없으니, 절대 진리가 있을 수 없다. 유일한 답도 없다.

　허무주의란 무엇인가? 니체는 이렇게 말했다. "왜라는 질문에 아무런 답이 없다." 질문에 대답할 수 있으려면, 기준이 있어야 한다. 서구의 철학자들은 절대 기준이 있다고 생각했다. 해체꾼들은 이미 그런 절대 기준이 없어졌다고 말한다. 니체는 절대 기준이 사라진 서구에 허무의 어두운 그림자가 드리우게 됨을 예견했다. 오늘 니체의 후계자임을 자처하는 해체꾼들은 니체가 예견했던 허무의 검은 그림자를 길게 끌고 다니고 있다.

　절대 기준이 없다고 해서 허무의 그림자가 길게 드리우게 되

7　파울 파이어아벤트, 『방법에 반대한다』(정병훈 역, 그린비, 2019).

는 까닭은 무엇인가? 절대 기준이 없으면 '왜'라는 질문에 대한 답을 할 수 없게 되기 때문이다. 이것이 니체가 암시한 신의 사망으로 초래되는 허무주의의 도래에 대한 사유이다. 이러한 생각의 밑바닥에는 절대에 대한 고정관념이 자리 잡고 있다. '절대 기준의 상실 = 기준의 상실'이라는 등식이 그 밑바닥에 깔려 있다고 볼 수 있기 때문이다. 이것은 절대 기준만이 기준이라는 생각을 나타내고 있다. 이것은 '절대'가 아니라면 아무것도 아니라는 것을 함축한다. 절대에 대한 참으로 엄청난 갈망이 아닐 수 없다.

이러한 갈망의 흔적을 오늘의 해체꾼의 언어 속에서 우리는 발견한다. 해체를 외치는 사람들은 흔히 상대주의와 허무주의를 넘나든다. 아무것도 좋다는 것은 상대주의보다는 허무주의에 더 가깝다.

그러나 우리가 여기서 눈여겨보아야 할 중요한 점은 유일한 절대 기준의 부재가 기준의 부재와 동일한 것은 아니라는 점이다. 유일한 절대 기준이 없더라도, 다수의 기준은 있을 수 있기 때문이다. 그러나 절대 기준에만 매달리는 사람들은 절대 기준이 아닌 다수의 기준이 있다는 것은 기준이 없다는 것과 매한가지라고 여길지도 모른다. 그러기에 상대주의로부터 쉽사리 허무주의의 늪으로 빠져들어 가게 되는 것일 것이다.

그러나 허무주의는 신나는 세계가 아니다. 그것은 생명의 보금자리가 될 수 없다. 그것은 죽음의 음지일 뿐이다. 근대의 낡은 문법이 해체되었다고 해서 반드시 파멸로 가는 것은 아니다. 해체 공사가 갓 끝난 집터에는 황폐한 잔해가 널려 있게 마련이다. 그러나 시간이 흘러 잔해가 제거되고 나면, 새로운 보금자리가 들어설 새 땅이 우리의 시야를 가득 채우게 된다. 그리고 **새 땅** 위에 세울 새로운 집의 설계도가 마련될 것이다. 그리고 머지않아 새로운 감수성과 시대의 요구에 알맞은 새 건물이 우리의 눈을 부시게 할 것이다.

VI. 신문법을 찾아서: 다원적 사고

다원적 사고 Multidimensional Thinking**를 하는 사람에게 다수의 기준은 허무의 세계가 아니라, 다양성의 세계의 새로운 지평을 열어준다.** 그러나 일차원적 사고에 젖어 있는 사람들에게 다수의 기준은 혼란과 아노미를 초래한다. 그래서 허무의 길은 늪에서 허우적거리게 된다. 일차원적 사고의 지평에 머물러 있는 사람에게는 유일한 것만이 좋은 것이며, 획일적인 것과 같은 것만이 올바른 질서를 보인다. 같지 않은 것, 차이는 배제되어야 할 것, 적대적인 것으로 보인다. 일차원의 사고 속에서는 다양성이 수용되지 않는다.

오늘날 많은 상대주의자는 일차원적 사고에 머물러 있다. 그래서 그들은 다양성과 다원적 기준들의 참모습을 제대로 파악하지 못한 나머지 그것을 혼란, 아노미의 징후로 받아들여 허무의 늪에 미끄러져 들어간다. 그들은 그들이 해체하고자 하는 낡은 문법의 수인들과 마찬가지로 일차원적 사고에 머물러 절대가 아니면 허무라는 생각에 빠져들고 있다. 절대의 고정관념에 사로잡혀 있다는 점에서 낡은 문법의 수인들과 동일한 사유의 지평에 머물러 있다.

이러한 허무주의적 상대론의 깃발을 들고 다니는 사람들은 고약하게도 비트겐슈타인을 자기들의 원조元祖로 끌어들이기도 한다. 이것도 잘못된 배경에다가 비트겐슈타인의 단편적인 조각 그림들을 배열시킨 결과가 빚은 오독誤讀의 전형이 아닐 수 없다. 절대도 허무도 아니다. 이것은 비트겐슈타인으로부터 우리가 배울 수 있는 소중한 통찰이다. 그가 열어 보여주려고 한 세계는 허무주의적 상대주의의 세계가 아니라, 다원적인 열린 세계이다.

분명히 새로운 문명은 새로운 문법을 요청한다. 인간은 역사의 지평을 초월한 절대의 고지에 설 수가 없다. 절대불변의 진리는 우리의 지적 탐구의 방향타는 될 수 있을지언정 우리 가운데 어느 누가 노획했노라고 큰소리칠 수 있는 그런 것이 아니다. 그 것은 인간의 한계의 피안에 있다. 최고의 인간 지혜는 인간의 한 계를 분명히 인식하고 거기에 알맞은 말과 몸가짐을 하는 데서 나타난다.

신문법Neo-grammar은 다원적 사고 속에서 태어난다. 신문법은 다양성과 차이를 배제의 대상으로 파악하지 않는다. 다양성과 차이는 무질서와 아노미의 징표가 아니라, 보다 차원 높은 질서인 맞물림의 세계로 우리를 인도할 것이다. 맞물림의 관계에 있는 것들은 상대방의 차이가 나를 죽이는 것이 아니라, 나를 참으로 살려주는 것이며, 바로 그 차이 때문에 나와 그가 서로 뗄 수 없는 관계에 놓임을 인정한다.

신문법은 근대 서양 문법이 해체된 후 나타난 새 땅 위에 건설할 새로운 문명의 집을 위한 우리의 설계도다. 비트겐슈타인 이후의 철학은 비트겐슈타인이 열어놓은 새로운 사고의 열린 지평 위에서 신문명을 위한 신문법을 설계하는 작업에 몰두하지 않으면 안 될 것이다.

3장　사유에 드리운 허무의 그림자를 없애는 길

1.　허무의 그림자가 오늘날 서양인의 정신세계에 드리우고 있다. 그 허무의 그림자는 자기 자신의 마음속에 갇힌 사유의 방식이다. 그러기에 자기 자신의 마음의 세계 밖으로 나가는 길은 없다. 그것은 마치 파리병 속에 갇혀 있는 파리와 같이 출구가 없다.

그의 세계 안에 있는 것은 모조리 자기 자신에 의해 만들어진 것이다. 그러므로 나의 세계 밖에 있는 세계 자체란 없다. 그래서 내가 사실이라고 생각하는 것과 사실 자체가 구별되지 않는다.

그러므로 누군가가 A는 이렇다고 생각하면 A는 그런 것이다. 사유와 실재는 서로 구별되지 않고 동일한 것이다. 진리는 나의 말에 의해서 결정되며 실제 존재하는 것에 의해 결정되지 않는다. 내가 말하는 것 이외에 다른 기준은 없다. 세계는 나의 세계와 일치한다.

이와 같은 사유의 세계는 반실재론antirealism이라고 부를 수 있다. 예부터 이런 입장을 관념론idealism이라고 불렀다. 존재하는 것은 사유되는 것과 동일하다.

2. 나는 나의 마음속에 갇혀 있기 때문에 타인의 마음과 연결되는 길은 없다. 모든 사람은 자기 자신의 세계 안에 갇혀 있을 뿐이다. 따라서 하나의 주관과 다른 주관을 연결하는 방법을 찾는 건 불가능하다.

서로 다른 마음에 의해 형성된 세계들 사이에 미리 마련된 조화가 없다면 다른 마음에 의해 만들어진 다른 세계와 충돌될 수 있다는 것을 상대주의적 사고relativistic outlook는 보여주고 있다.

이런 상황 속에서 모든 사람은 타인에 대하여 상대주의적이다. 이런 사유가 오늘날 서구 철학의 전면에 서 있는 이른바 포스트모더니즘이다. 포스트모더니즘은 언어주의lingualism를 표방한다. 그래서 그들은 "존재하는 것은 텍스트 속에 있다"라고 주장한다. 그리하여 포스트모더니스트들은 이성과 실재의 구별을 배격한다. 전통적으로 이성은 글로 쓰인 것을 심판하는 보편적 기준이라고 보았다. 그러나 포스트모더니즘에서는 이성과 실재의 구분이 사라지고 말았다. 그리하여 어두운 허무주의의 그림자가 포스트모더니즘의 하늘을 가리고 있다.

3. 데카르트는 사유Cogito가 '철학의 출발점'이라고 주장했다. 그리하여 그는 사유하는 자아와 타인과 외부 세계를 논리적으로 연결하려고 시도했다. 그러나 많은 그의 비판자들은 그의 그런 시도가 실패했다고 비판했다. 데카르트의 철학이 남겨놓은 것은 관념론적 사유의 원천이 되고 말았다. 본래 데카르트의 철학에는 나로부터의 출구가 있었으나, 그가 남겨놓은 전통 속에는 나로부터의 출구가 없다. '자아Ego'는 나의 의식 속에 갇혀 있을 뿐이다.

데카르트가 참으로 하고자 했던 것은 재래의 기독교 전통과 새로 나타나는 물리적 세계 사이에 화해의 길을 모색하는 것이었다. 그렇게 두 세계 사이의 갈등을 벗어나려고 했다. 기독교(종교)는 마음이라는 실체에 귀속되고, 새로 드러난 물리적 설명은 물질적 실체에 속하는 것이라고 주장했다.

오늘의 포스트모더니스트들은 이성과 실재의 구분과는 결별을 선언하면서도 자아를 철학의 출발점으로 삼는다는 점에서 데카르트 전통의 후계자라고 할 수 있다. 포스트모더니스트의 사유 세계를 부추긴 것은 제2차 세계대전에 나타난 상대주의적 사유이다.

4. 우리가 실제 세계 속에서 어떻게 살며 행동하는가를 들여다보자. 두 가지 삶의 원초적 사실primordial facts을 지적할 수 있다. 첫째, 우리는 누구나 숨을 쉬며breathe 살고 있다. 내가 숨을 쉴 수 없다면, 나는 아무것도 의심할 수 없다. 내가 숨을 쉰다는 것은 산소의 존재를 전제하며, 산소의 존재는 자연의 일부인 지구의 존재를 전제한다. 따라서 내가 숨을 쉬는 한 나는 자연과 함께 있다. 나는 혼자 존재하지 않는다. 그래서 나의 '혼자 있음'은 사유의 출발점이 될 수 없다. 둘째, 나는 말하고 있다. "나는 말한다"라고 할 때, 나는 누군가에게 말하고 있다. 혼자 말할 수도 있다. 그러나 그것은 보통의 상황이 아니며 자연스러운 일이 아니다. 그러므로 내가 말한다는 것은 상대방을 전제한다. 내가 말하는 데 있어서 성공하려면 타인의 존재를 전제해야 한다. 그리고 화자와 청자 사이에 공통적인 기준과 룰rule이 존재해야 한다. 그렇지 않으면 의사소통communication은 불가능하다. 의사소통은 이해의 공통 기준이 있어야 가능하다. 인간은 말할 수 있을 때 비로소 인간 존재일 수 있다. 의사소통이 제대로 이루어지려면 화자와 청자 사이에 공통의 기반이 있어야 한다.

철학적 활동은 언어적 활동의 일부분이다. 언어 소통이 가능할 때에야 비로소 철학적 사유가 가능하다. 철학적 활동이 성공하려면 타인과 자연의 세계가 전제되어야 한다.

비록 진리가 절대적이지는 않더라도 진리에 대한 객관적인 기준은 있을 수 있다. 그럴 때 여러 가지 선택 중에서 어디로 갈지 알아내어야 길을 잃고 방황하지 않을 것이다.

5. 포스트모더니스트들은 근대성을 극복하려 하였으나 근대 사상가들이 빠진 자아의 동굴 속에 빠져버리고 말았다. 지금 우리는 자아가 타인과 세계와 얽혀 있는 존재라는 것을 깨닫고 홀로 있는 자아의 감옥으로부터 탈출해야 할 것이다.

우리는 지금 새로운 문제를 야기하는 새 문명의 문턱에 서 있다. 서로 문명의 문턱 앞에서 사고와 행동의 새 길로 들어서야 할 것이다. 새로운 철학적 사유, 나는 그것을 신문법이라고 부르고자 한다. 그리하여 포스트모더니즘과 작별하자. 그리고 새로운 시작의 발걸음을 내딛자.

제2부

1장   신문법에 관하여

1. 종래의 철학이라고 불리는 지적 활동은 그 시대의 내비게이션 역할을 해온 지적 활동이었다. 우리가 지난 철학의 역사에 존재했던 사상을 탐구하는 것은 인류의 삶을 지탱해왔던 모습이 어떤 것이었던가를 아는 데 있다. 그러나 그것이 곧 오늘을 사는 인간에게 그대로 적용될 수 있는 그런 길잡이(내비게이션)가 될 수 있다거나 되어야 한다는 것을 말하지는 않는다.

2. 지금까지 존재해왔던 사상의 뼈대를 우리는 두 가지의 극단적 방식으로 나누어볼 수 있다. 그것은 인간의 능력에 대한 과대평가Overestimation와 과소평가Underestimation라 할 수 있다. 과대평가란 인간이 절대적 진리의 표준을 발견할 수 있다는 생각이고, 과소평가란 인간은 진리에 대한 어떤 표준이나 토대를 발견할 수 없다는 허무주의적 태도이다. 그러나 절대적 진리를 주장하는

태도도, 허무주의를 내뱉는 태도도 현실적 인간 존재의 능력에 대한 올바른 평가라 볼 수 없다. '절대'도 '허무'도 인간에 대한 적합한 평가 언어가 아니다. 인간은 두 극단의 어느 한쪽 위에 존재하지 않는다.

3. 인간이 진리를 탐구하는 것은 인간이 존재하기 위해서이다. 존재하기 위한 길과 방법을 알고자 하기 때문이다. 인간이 진리를 찾아가는 방식인 인식론은 그러기에 인간이 살아가고자 하는 존재론을 전제한다. 올바른 인식론은 존재론을 토대로 해서만 가능하다.

인간은 변화가 가능한 시간 속에서만 존재할 뿐이다. '절대'와 '허무'는 시간 밖에서 가능한 개념이다. 따라서 '절대'도 '허무'도 인간 존재의 밖에서 가능한 개념일 뿐이다. 따라서 인간에겐 절대도 허무도 가능하지 않다.

4. 플라톤과 데카르트는 모두 절대적 진리를 향한 탐구를 했다. 플라톤은 존재론을 위한 절대, 데카르트는 인식론을 위한 절대를 추구했다. 둘 다 인간 능력에 대한 과대평가 위에 서 있다. 그런가 하면 플라톤의 반대편에 서 있던 소피스트들과 데카르트의 반대편에 서 있던 회의론자들은 인간 능력에 대한 과소평가 위

에 서 있다. 그리고 오늘날 포스트모더니즘도 그런 과소평가 위에 구축된 새로운 현대적 표현일 뿐이다.

5. 데카르트의 철학은 '나'로부터 출발한다. 나만이 알 수 있는 언어로부터 출발한다고 볼 수 있다. 그것은 일찍이 비트겐슈타인이 말한 사적 언어의 가능성을 전제로 하는 이론이다. 그러나 그런 사적 언어는 불가능하다. 언어는 대화자의 존재를 전제로 하는 틀 안에서만 살아 숨 쉴 수 있다. 혼자만의 세계, 유아론의 세계 속에서 언어는 불가능하다. 언어가 살아 숨 쉴 수 있는 영역은 데카르트가 철학의 출발로 삼은 자아Ego의 영역 속에서는 불가능하다.

6. 철학은 인간 언어 활동이 가능할 때 살아 숨 쉴 수 있는 인간의 활동이다. 언어는 자아의 존재와 타인의 존재(너), 그리고 자연의 존재의 삼각관계 속에서 살아 숨 쉰다. 인간이 자연에 존재하면서 다른 존재들과 구별되는 것은 '말하는' 존재라는 데 있다.

7. 일찍이 파스칼Blaise Pascal(1623~1662)은 인간은 "생각하는 갈대"라고 표현했다. 인간은 언어라는 매체를 통해 생각한다.

칸트는 인간을 '이성 비판'이라는 틀 속에서 해명하려고 했다. 그가 해부하려 했던 이성은 눈으로 볼 수 있는 그 어떤 사물이 아니다. 그 이성의 활동은 언어로 육화된다. 그러기에 그가 탐구했던 이성 비판은 언어 비판이라고 볼 수 있다.

8. 오늘을 사는 인류에게 필요한 철학은 어떤 열매로 되어 있는가? 그것은 오늘의 인류가 당면한 인간과 인간의 관계, 인간과 자연의 관계 그물망이 어떻게 형성되어야 하는가에 따라 모양새가 결정될 것이다. 그리고 그런 그물망은 인간 자신이 자기의 욕망을 어떤 수준에서 충족하고자 하는가와 밀접히 연결되어 있다.

9. 오늘을 사는 인류의 이런 복잡한 연결망 안에서 오늘을 사는 인류에게 달성 가능한 최선의 구조가 무엇인가를 탐색하는 것이 오늘을 위한 인류의 철학이 될 것이다. 그러기에 인류 역사에 나타났던 과거의 철학이 그대로 오늘의 인류에게 적합한 길잡이(내비게이션)가 될 수 없다.

오늘 인류에게 적합한 철학적 탐색 작업은 오늘을 사는 인류에게 과제로 맡겨져 있다. 과거의 철학은 오늘을 사는 우리에게 하나의 참고 사항이 될 수 있을 뿐이다.

10.   오늘 인류가 당면한 최대 문제의 하나는 인간 존재의 기본 터전인 자연의 질서가 온전한 가운데 어떻게 그 안에서 인간 존재의 질과 양을 고양시킬 수 있는가에 대한 해답을 찾는 작업이 아닐 수 없다. 그렇기에 지난 세기에 인류가 추구해온 자연과의 관계 맺음의 방식은 근본적인 재검토가 요구된다. 그것이 의미하는 바는 지난 시대의 과학기술 문명은 그대로 존속되기 어렵다는 것을 의미한다. 기후변화는 바로 과거의 과학기술 문명이 초래한 최대의 난제가 아닐 수 없다.

지금 인류가 당면한 기후변화의 문제에 대해 적절한 대응 방식을 찾기 위해서는 지금까지 인류가 살아온 방식에 대한 근본적인 재검토가 필요하다. 어제의 삶의 방식으로는 오늘 인류가 당면한 문제를 해결할 수가 없다. 그러기에 새로운 삶에 대한 탐색 방식이 요청되는 상황에 우리가 지금 놓여 있다.

11.   인간과 인간이 어울려 사는 모듬살이의 외면은 역사의 진전과 더불어 더욱 확대되어왔다. 지금 지구촌 위에 형성되어 있는 국가라는 모듬살이는 미래 역사에 있어서도 그대로 존속되기 어려운 모듬살이의 방식이 될 수 있다. 새로운 모듬살이의 방식이 요청된다. 그래야만 인류가 당면한 지구적 문제에 제대로 대처할 수 있을 것이다. 우리가 말하는 정의Justice의 개념도 국가라는 모

듬살이 안에서 적용되는 윤리적 개념으로 탄생되었다. 전 지구적 차원에서 논의될 수 있는 정의의 개념이 어떻게 살아 움직이게 할 수 있을까? 그것이 우리가 앞으로 해결해야 할 과제이다.

12. 한국인이 지난 역사에서 논의하던 윤리적 질서는 그때의 모듬살이 틀 안에서 유효한 개념 틀이었다. 어제 불가능했던 것이 오늘의 새로운 상황에서는 가능한 것이 될 수 있다. 가능성, 불가능성의 개념은 그 개념이 어떤 상황에서 논의되느냐에 따라 그 생명이 유지될 수 있다. 그러기에 상황의 틀을 떠나 가능성과 불가능성을 따지는 것은 헛바퀴 도는 말장난일 뿐이다. 어떤 개념이 헛바퀴 도는 언어인지 아닌지 구별하려면 그것이 전제하고 있는 상황의 틀이 무엇인가를 먼저 들여다보아야 한다. 삶의 방식은 바로 이런 상황의 틀과 다름없다.

13. 한 언어가 헛바퀴 도는 언어인가를 판별하려면, 어떤 삶의 방식 안에서 작동하는 언어인가를 검토해야 한다.

14. 나눔의 모듬살이란 무엇인가? 나는 너 때문에, 그리고 너는 나 때문에 존재한다. 너와 나는 상호 의존적 존재다. 이것이 나눔의 모듬살이의 핵심 구조다. 이에 반해 내가 너를 지배하고

삼키려는 것은 나눔의 모듬살이와 모순 관계에 있다.

15.　꽃과 꿀벌은 상호 의존 관계에 있다. 꿀벌이 존재하지 않으면 꽃은 존속할 수가 없으며, 꽃이 존재하지 않으면 꿀벌도 존재할 수 없다. 이러한 나눔의 모듬살이는 모듬살이의 전형이라 할 수 있다.

16.　그러기에 천상천하 유아독존의 자세야말로 존재의 근본 질서와 어긋나는 자세가 아닐 수 없다.

17.　생명체에 있어서 가장 중요한 가치는 생존 가치Survival value다. 생명의 지속적 보존을 지탱해주는 정도에 따라 여러 가지 수준의 가치가 나타난다. 이 생존 가치가 바로 생명체가 추구하는 진리라 할 수 있다.

18.　지난 문명에 있어서 과학 만능주의적 태도는 자연을 정복의 대상으로 삼고 일방적 이익을 추구했다. 그러나 환경 재앙은 그러한 일방적 지배와 정복이 그릇된 것임을 드러내고 있다. 인간과 자연은 상호 의존적 관계에 있기에 인간 탐욕의 절제를 통한 상호 균형의 유지가 요구된다.

19. "나는 생각한다. 그러므로 나는 존재한다." 철학자 데카르트가 한 언명이다. 나의 생각함 속에 나의 존재가 확보된다는 말이다. 참으로 가소로운 유아론자Solipsist의 착각이 아닐 수 없다. 천상천하 유아독존의 표현이다. 나의 생각하는 능력 때문에 내가 존재한다는 것을 알 수는(인식할 수는) 있으나, 내가 존재하지 않는다면 내가 생각할 수는 없는 것이 아닌가! 인식은 존재를 전제한다. 존재에 선행하는 인식은 불가능하다.

20. 그러기에 나의 생각하는 능력(인식 능력)은 나의 존재를 떠나서는 가능치 않다. 나의 인식은 나의 존재에 의존되어 있기 때문이다. 나의 존재에 선행하는 나의 인식의 가능성을 주장하는 것과 마찬가지로 나의 인식에 선행하는 나의 존재를 주장하는 것 모두 헛된 말장난에 불과하다.

21. 그러기에 유아론적 관념론과 나의 인식과 무관한 실재론을 주장하는 것 모두 헛바퀴 도는 말장난이다.

22. 자본과 노동은 애당초 독립변수인가? 노동은 근육노동과 정신노동으로 나누어볼 수 있다. 근육노동은 요즈음 표현으로 하드웨어요, 정신노동은 소프트웨어라 할 수 있다.

23. 그런데 소프트웨어software도 자본이라 할 수 있다. 그리고 자본은 근육노동의 산물이다. 따라서 자본은 종속변수라 할 수 있다. 그리고 자본가와 노동자는 완전히 동떨어진 개념이 아니다. 노동자도 주식을 소유함으로써 자본가가 될 수 있다.

24. 일찍이 카를 마르크스Karl Marx(1818~1883)는 자본가와 노동자를 대척 관계에 있는 것으로 주장했다. 그는 『자본론』[8]에서 이 이론을 전개했다. 그 이후 서구 문명은 자유시장 경제체제와 사회주의-공산주의 경제체제가 대립하는 세상이 되어왔다.

25. 지금 우리는 개념의 재구조화restructuring를 통해서 새로운 삶의 양식을 추구할 때가 되었다.

26. 자유와 평등은 대척적 관계에 있는 개념이 아니다. 자유가 동양 사상에 있어서 양이라면, 평등은 음이라 할 수 있다. 그리고 인간 신체에 있어서 자유가 교감신경이라면, 평등은 부교감신경이라 할 수 있다.

8   카를 마르크스, 『자본론』(김수행 역, 비봉출판사, 1989).

27.   지난 세기에 자유는 개별적 이성의 영역으로, 평등은 집단적 이성의 영역으로 간주함으로써 자유시장 체제와 중앙 통제 경제체제로 양분했다.

28.   비트겐슈타인은 그의 초기 철학에서 그림Bild, Picture으로 언어의 의미를 설명하려 했다. 그림 이론은 근본적으로 시각 정보Visual information만 정보의 핵심으로 보는 이론이라 볼 수 있다.

29.   그러나 인간은 귀로 정보를 획득할 수 있다. 음악 정보가 대표적이다. 도덕적 가치 판단 언어는 상황에 대한 종합적 인식인데, 그것은 긍정 혹은 부정yes or no으로 표시될 수 있다. 그것은 객관 자체의 모습에 관한 언어가 아니라 객관에 대한 나의 존재적 연관과 결부된 언어, 즉 존재의 기획Entwurf의 언어이다. 인간의 삶은 투기의 연속이다. 인간이 어떤 투기를 하느냐에 따라 인간의 삶이 달라진다.

30.   따라서 정서주의Emotivism가 주장하는 윤리적 언어에 대한 이론은 근본적으로 시각 정보만을 유일한 정보로 고집하는 외골수 정보이론의 표현일 뿐이다.

31. 그리고 완벽한 검증이 불가능하다고 하여 검증 자체가 아예 불가능하다는 주장은 타당치 않다. 포스트모더니즘 철학자인 데리다는 그런 극단적 반대편에 서 있다. 두 극단 위에 서 있는 사상은 모두 현실과 너무나 동떨어진 허구에 불과하다.

32. 무슨 주의ism라는 간판을 달고 나오는 많은 이론은 그런 극단적 주장들이다. 그 끝은 심연의 나락, 허무밖에 없다. 여기에는 아무런 언어가 가능하지 않다.

33. 대화는 인간 존재의 가장 근본적 존재 양식이다. 대화 가능성은 나와 너 그리고 나와 너의 존재의 기반을 전제한다.

34. 근대 철학의 시조인 데카르트가 참으로 주장하고자 했던 것은 첫째로 자기 이전의 중세가 떠받들었던 목적론적 세계관과 결부된 기독교 사상의 한계를 지적하고, 둘째로 새로운 대안으로 하나님의 것(영혼의 문제)과 가이사의 것(자연과학의 문제)을 구분하는 이원론을 주장하려 했다. 그렇게 함으로써 기독교 사상의 옹호함과 동시에 과학의 옹호하는 두 가지의 시대적 요청에 응답하려 했다고 볼 수 있다.

35. 치즈와 요구르트의 음식 문화는 김치와 된장의 음식 문화를 이해하지 못했다. 하지만 전자는 동물에 의존하는 식문화의 한 형태인 데 반해 후자는 식물에 의존하는 식문화일 뿐, 그 근본 밑바탕에는 동일한 화학적 작용이 작동하고 있다. 성숙한 인간은 자신이 어떤 조건들 아래서 세상을 인식하는 유한한 존재인가를 깨닫는 존재다.

36. 인간의 최대의 어리석음은 자신의 한계를 모르는 데 있다. 자신이 아는 지식이 절대적 진리라고 믿는 것은 바로 최대의 미몽迷夢이다. 인류의 역사는 그런 미몽 속에 갇힌 자들 사이에 벌어진 싸움터였다. 자기의 절대 진리를 내세우며 상대방의 입장을 거짓과 미몽이라고 질타하던 세상이었다.

37. 진정한 소통의 길은 자기편이 서 있는 지평이 절대가 아니라는 깨닫는 데서 찾을 수 있다. 너와 내가 모두 제한된 조건 아래서 세상을 내다보고 있다는 자신의 유한성을 깨닫는 데서 우리는 미몽에서 벗어나 참된 소통의 길에 들어설 수 있다. 그 소통을 통해서 너와 나는 참으로 평화를 찾을 수 있을 것이다.

38. 싸움의 근원은 인식의 문제에만 국한되어 있지 않다.

싸움의 뿌리에는 이해와 이권이 놓여 있다. 그러나 죽음 앞에서는 모든 이해와 이권은 소멸한다. 죽음 앞에서 모든 소유는 무화無化된다.

39. 우리가 전체라고 말하는 데는 두 가지 전혀 다른 차원의 전체가 있다. 질質의 관점에서 보는 전체whole와 양量의 관점에서 보는 전체totality와 부분individual이 그것이다. 질적 관점에서 보는 부분 속에는 전체의 모습이 나타날 수 있다. 그러나 양적 관점에서 보면 개별자들의 모임의 총체로서만 전체가 드러난다. 그러므로 하나의 개체 속에는 질적 관점에서 전체의 구조가 구현될 수 있으나, 양적 관점에서는 어디까지가 구성 요소의 총화라는 전체가 있을 뿐이다.

40. 생명체의 진화 과정에서 우리는 이 두 가지 종류의 전체와 부분의 모습을 읽을 수 있다.

41. 몸은 마음과 몸의 결합체이다. 마음과 몸은 몸에 대한 두 가지 다른 기술에 불과하다.

42. 다양한 기술에 의한 다양한 현상은 하나의 연결고리로

통합되어 있다.

43. 근육노동으로부터 인간을 해방시킨 것은 인간이 제조한 기계다. 기계는 인간 두뇌의 산물인 과학으로부터 탄생한다.

44. 살고자 하는 인간은 근육을 움직여야 한다. 근육 운동은 인간 삶의 필수 요소요, 행복의 원천이다. 그러므로 근육노동으로부터의 노동해방이란 말은 오늘날 하나의 웃음거리가 아닐 수 없다.

45. 반골反骨이란 말이 1960~1970년대 한국 사회에서 성행했다. 반대를 위한 반대만을 일삼는 사람을 반골이라고 말했다. 그러나 진리를 찾는 방법인 비판적 사고critical thinking를 반골이라고 한다면, 비창조적 사회, 즉 닫힌 사회의 옹호 밖에 아무것도 아니다. 창조는 이미 있었던 것을 그냥 추종하는 세상에서는 탄생하지 않는다. 비판적 사고 속에서만 창조는 탄생한다.

46. 오늘 한국 사회는 그 어느 때보다도 창조적 반골이 요청되는 때다. 반골이 되어라, 복이 있을지어다.

47. 한국은 옛날부터 배고픔의 고통에서 벗어나려고 무던히 애를 썼다. 그런데 오늘은 어떤가? 배고픔보다 배 아픔의 문제에서 허우적거리고 있지 않은가! 어떻게 우리가 오늘 당면한 배 아픔으로부터 벗어날 수 있을까? 나의 처지를 남의 처지와 비교하는 데만 몰두하면 배 아픔으로부터 벗어날 수 없을 것이다.

48. 영원의 상하에서 현재를 바라볼 수 있다면, 나의 현재의 모습은 어떤 것일까? 시각의 교정은 우리에게 많은 가능성을 보여줄 것이다.

49. 최면은 어떤 현상인가? 언어를 통한 자기 암시를 통해 자기 변화를 초래하는 과정인가? 인간은 과연 최면적 존재인가?

50. 옛날에 사람들은 노동을 천賤한 것으로, 비노동非勞動을 귀貴한 것으로 생각했다. 그러나 오늘날 그런 구분은 온당치 않은 것으로 보인다. 구문법舊文法과 신문법新文法의 차이라 할 수 있다. 노동은 생명체의 본질적 요소이기 때문이다.

51. 국가 이성(집단적 이성)은 신성하다고 옛날 사람들은 생각했다. 그리고 오늘날은 시장은 합리적이라고 본다. 시장은 다

름 아닌 개별적 이성이다. 시장은 개인들의 사고가 연결되어 나타나는 현상이다. 그러기에 개인을 넘어선 집단적 이성이라는 것을 상정하는 옛 사고는 무엇을 겨냥하는가? 집단적 이성을 상정하는 것은 어떤 개인의 이성을 특화하는 것 이외에 무엇일까? 독재란 어떤 개인의 이성을 특화하여 나머지 개인들의 위에 군림하려는 수작에 불과한 것이 아닌가? 물론 개인들 사이에 우열이 존재할 수는 있다. 그러나 중요한 것은 모듬살이 속에 포함되는 구성원들의 판단을 완전히 무시하는 것이 바로 국가 이성이라는 이름 아래 독재하는 행위가 아닌가! 타인의 판단에 귀를 기울이는 태도, 그것이 바로 성숙한 이성이다. 그것을 바로 하심下心이라 할 수 있다.

52. 영원한 나의 것은 없다. 불멸의 존재에게만 나의 것이 영원할 수 있지 않은가? 나는 불멸의 존재가 아니다.

53. 경쟁이 있는 곳에 활력이 넘친다. 카를 마르크스는 평등한 세상을 구상했다. 마르크스의 평등한 세상은 경쟁이 없는 세상인가? 그것은 죽은 세상이 아닌가? 경쟁은 하되 패자부활전이 가능한 세상, 그것이 바로 제대로 된 세상이 아닌가?

54. 세상에는 다양한 역할 수행자들이 있다. 다양한 역할

수행자들에게 다양한 대접을 하는 세상, 그것이 바로 활력이 살아 움직이는 세상이 아닐까! 다른 것이 아름답다difference is beautiful.

55.　나와 다른 것을 무조건 배척하는 세상은 획일주의에 포로가 되어 있는 세상이다. 마르크스가 주장하는 평등한 세상은 그런 획일주의가 지배하는 세상이 아닌가?

56.　내가 남과 같아져야 싸우지 않는가? 내가 남과 다르되, 싸우지 않고 지내는 삶, 그것이 성숙한 인간이 아닌가? 나와 다른 것은 다른 것대로 인정하는 태도, 그것이 성숙한 인간이 아닐까? 나와 다른 것도 나와 동일한 대접을 받아야 한다는 것을 인정하는 태도, 그것이 바로 공정fair한 것이 아닌가?

57.　왜 평등equality을 이야기하는가? 평등을 이야기하는 것은 남이 나와 같아야 한다는 것을 주장하는 것인가? 나와 다른 것도 동일한 대접을 받아야 한다는 것을 의미하지 않는가? 그러기에 남이 나와 다르다 하여 내가 싫어해야 할 이유가 없지 않은가? 다른 사람이 살아온 시간, 살아온 환경이 다른 것은 너무나 자연스러운 것이 아닌가? 쌍둥이가 아니고서야 어떻게 둘이 똑같을 수가 있을 것인가? 그러기에 쌍둥이가 아닌 타자들은 어디엔가

나와 다른 점이 있을 수밖에 없다. 그러기에 다른 것은 아름답다.

58. 동양에서 말하는 음陰과 양陽은 다른 것의 전형이라 할 수 있다. 그런데 음과 양은 항상 함께 존재한다. 음이 있으면 반드시 양이 존재한다. 그런데 음과 양은 서로 다르다. 그러나 음이 양을 배척하고서는 음이 될 수 없다. 양도 마찬가지다. 둘은 서로 다르지만 서로 배타적이진 않다. 서로 공존해야 한다. 서로 다르지만 싸우지 않는다. 상호 보완적 관계 놓여 있다. 그러므로 네가 없으면 나도 없으며, 네가 있어야 나도 존재한다. 우리가 바라는 다름의 세상은 바로 음과 양의 관계와 같은 다름의 세상이라 할 수 있다. 어느 것도 다른 것과 우월하거나 열등하지 않다. 서로 다를 뿐 우열은 존재하지 않는다.

59. 남자와 여자, 여자와 남자 사이에는 음과 양의 관계처럼 다르되, 우열이 존재하지 않는다. 역할이 다를 뿐이다.

60. 창조는 다른 것끼리 만남을 통해서 나타난다. 같은 것끼리 붙어 다니는 곳에는 새로운 것이 나타날 수 없다.

61. 다양성을 없애고 획일주의로 통합하는 것은 겉으로 보

기에는 그럴듯하나, 죽음의 길이다. 다양성을 살린 가운데 통합하는 길은 창조적 모듬살이의 길이다. 미국 사회가 이런 통합의 한 유형이라 할 수 있다. 독일의 히틀러가 노렸던 길은 다양성을 없애고 획일적 통합으로 가는 죽음의 길이었다.

62.　나와 타인 그리고 자연과의 삼각관계가 균형을 이룰 때 우주적 평화가 찾아올 것이다.

63.　지난 시대의 전문화는 작은 칸막이로 나누어져 있는 고립의 전문화였다. 그러나 앞으로 전문화는 융합을 통한 전문화가 되어야 한다.

64.　민심民心은 천심天心이라는 말이 있다. 그런데 민심처럼 정처 없이 오락가락하는 것도 없다. 천심도 과연 민심처럼 허무맹랑한 것인가?

65.　과학이라는 접두어를 붙여놓으면 사람들은 무조건적으로 받아들일 뿐만 아니라 과학적인 것이라면 절대적 진리라고 믿는다. 이런 태도야말로 참으로 비과학적인 태도가 아닐 수 없다. 어쩌면 그것은 일종의 미신이라 볼 수 있다.

66. 무슨 무슨 주의ism라고 하는 주장들은 어떤 하나의 시각에서 봄을 절대화함으로써 나타난다. 하나의 시각의 절대화는 맹목만큼이나 위태롭다. 서양 사상 속에는 그러한 주의들로 충만해 있다.

67. 현대에 있어서 중요한 것은 인간과 자연 사이의 올바른 위치의 회복이다. 인간과 자연 사이의 상호 의존적 관계를 회복하는 일이 그것이다.

68. 사람과 사람 사이의 사이는 어린아이의 육아법에서 그 바른 관계를 배울 수 있다. 너무 사랑해도, 너무 소원해도 어린아이에게 문제가 된다. 우리가 다른 개체를 사랑할 때, 그 개체의 자율성이 가동될 공간을 남겨주는 일은 어렵다. 그 자율의 공간을 자기의 공간과 일치시키고 싶은 충동이 우리를 사로잡기 때문이다. 사랑한다는 것은 소유하는 것이 아니다.

69. 인간을 고독한 존재로 파악하는 것은 개체가 누릴 저 자율의 공간마저 자기의 것으로 만들려다가 좌절한 사람이 취하는 또 하나의 극단적 태도이다. 알맞은 위치, 적합한 태도 그것을 취하지 못하는 데서 절대적 고독과 파괴적 증오가 나타난다.

70. 나는 내가 무슨 연유로 해서 화가 날 적마다 나 자신에게 묻는다. 너는 지금 현명하게 생각하고 있는가 하고. 현명하게 생각하는 사람은 세계에 알맞은 생각을 하는 사람이다. 봄이 오면 꽃이 피고, 겨울이 오면 눈이 내리며, 나의 피부가 차가움을 느끼는 것은 자연의 세계가 그렇기 때문이다. 그런데 나는 지금 겨울에 눈이 내린다고 팻대를 내는 것은 아닌지 되돌아보아야 한다.

71. 철학의 탄생일은 위기의 시간이다.

72. 현대인은 자연의 탕아이다.

73. 진리의 객관성은 진리가 인간의 생존을 위해 유효한 지침 구실을 한다는 사실 속에 성립한다.

74. 본능이란 일종의 선천적 앎이다. 본능의 유효성은 그것이 인간 생존의 가능성을 열어 보여주는 지침 구실을 하는 데 있다. 인간의 지식은 어떤 관점에서 본 무엇에 관한 정보라는 점에서 부분적이다. 인간의 지식은 근본적으로 이러한 원근법적 성격을 지니고 있다. 이러한 원근법에 있어서 관점을 결정하는 것은 인간의 생물학적 조건과 문화적 조건들이다.

75.   철학은 인간 해방을 위한 생각의 싸움이다. 그것은 칼이나 총을 동원한 싸움을 통해 수행되는 인간 해방이라기보다, 인간 자신에 대한 깊은 통찰을 통해 수행되는 인간 해방 운동이다.

76.   바나나와 같이 겉보다는 속이 시퍼렇게 멍이 잘 드는 사람을 위한 최선의 삶의 길은 무엇일까? 수도사가 되는 길일까?

77.   범형paradigm, 언어 놀이, 편견, 한 가지 관점의 결정의 여러 형태, 인간은 이러한 동굴의 우상을 숭배함으로써 안심입명安心立命을 확보하려고 한다. 없는 것보다는 낫다. 그러나 그것의 절대화는 맹목만큼이나 위해危害하다. 이 모든 좁은 울타리들을 조망할 수 있는 보다 높은 관점은 없는 것일까? '영원의 상 아래서 봄'이 그런 것일까? 문제는 인간이 과연 그러한 관점에 서는 것이 어떻게 가능하겠는가이다.

78.   절대로부터 해방, 그것은 인간에게 알맞은 자리다. 인간에게 있어서 절대는 모든 주의主義 그리고 독단의 원천으로만 기능한다. 모든 절대의 주의로부터 해방된 자리, 여기서만 우리는 참으로 인간다워질 수 있다.

79.   합리와 정열은 사람의 두 힘이다. 합리는 일의 내용에 관계하며, 정열은 일을 추진하는 데 관계한다. 우리는 종종 그 반대의 현상을 발견한다. 일의 내용은 정열뿐이다. 그것을 끌고 가는 힘은 차디찬 것일 경우가 바로 그것이다.

80.   인간은 함께 놀 수 있는 존재일 뿐, 가지고 놀 수 있는 존재가 아니다.

81.   몸의 존재론. 몸은 마음만도 몸만도 아니다. 둘로 나누어 그중 하나만을 취하는 데서 유심론과 유물론이 생겨났다. 서양 근세의 데카르트는 저 나눔의 형이상학의 장본인이다. 오늘은 저 데카르트의 유산을 청산해야 할 때이다.

82.   인간은 최면적 존재다. 스스로 자신을 변화시키는 존재가 아닌가?

83.   사람의 보편성만큼 인간은 고르게 대접받을 자격이 있으며, 사람의 지문의 차이만큼 사람은 다르게 살 권리가 있다.

84.   우리가 추구해야 할 사회는 정태적 이상 사회가 아니

라 동태적으로 적합한 사회다. 그것은 신나게 뛰놀 수 있는 사회다. 떡이 걸려 있는 공정한 놀이에 사람들은 열광한다. 통제적 전체주의 사회도 독점자본주의 사회도 신나는 게임을 허락하지 않는다. 전자는 게임판을 벌려놓지 않으며, 후자는 게임판은 벌려놓으나 승자와 패자가 선험적으로 이미 결정되어 있는 놀이판일 뿐이다. 공정한 놀이에 누구나 참여할 수 있는 세상, 그것이 사람에게 적합한 세상이 아닐까. 인간은 신이 아니다.

85. 영원한 적은 없다. 어제의 원수가 오늘의 친구가 되며, 오늘의 친구가 내일의 원수가 될 수 있다. 그것이 우리가 살고 있는 세상이다.

86. 혼자 두는 바둑과 역사적 문맥을 떠난 사변은 서로 비슷하다. 시대의 정황에 알맞은 응답과 처방을 내놓는 것, 그것이야말로 인간에게 어울리는 사고요 실천이다.

87. 궁극적인 물음에 대한 완결적인 답을 제시할 수 있으려면, 우리 자신이 그런 궁극적인 자리에 서 있어야 가능하다. 그런 궁극적이고 절대적인 존재가 되어야 한다. 그런데 우리가 과연 그런 존재인가? 우리가 내놓는 대답 앞에는 늘 생략된 수식어

가 붙어 있다. "모자라는 내가 본 바에 따르면" 혹은 "내가 서 있는 한 부분에서 보면" 부분을 전체로 둔갑시킬 때 나타나는 오류가 바로 '절대의 깃발' 아래 행해지는 수많은 오류다. 그런데 인간에게 있어서 가장 어려운 일은 저 절대의 위치에서 벗어나는 것이다. 절대의 유혹에서 우리는 얼마나 벗어나기 어려운가!

88. 철학은 황혼이 깃든 후 나래를 펴고 날아다니는 미네르바의 올빼미 노릇을 하는가 하면, 새벽의 도래를 알리기 위해서 소리를 내지르는 수탉의 노릇을 하기도 한다. 오늘은 바로 철학이 새벽의 도래를 알리는 수탉의 소리를 내질러야 할 때이다.

89. 철학은 모든 억압으로부터 자유로움을 지향한다. 그것은 모든 붙잡힘으로부터 벗어나려는 운동이다. 억압적 규범, 억압적 사고로부터 벗어나 모든 것과 자유로운 관계 속에 있으려는 운동이다. 인간의 지성사는 불변의 절대 왕국과 허무의 늪, 두 극단 사이의 전자 운동의 역사였다. 그런데 우리는 저 두 극단을 넘어서야 한다.

90. 어떤 관점 아래서 본 세계, 일상 언어 속에 투여된 세계, 분자생물학의 관점에서 본 세계, 소립자 물리학적 관점에서

본 세계, 이 모든 세계는 동일한 시각에서 본 세계들이 아니다. 이런 시각들의 혼동은 차원의 혼동이라고 할 수 있는데, 그것은 일종의 범주의 혼동과 유사하다.

91. 인간은 연극적 존재라고 할 수 있다. 연극은 자기 객관화의 한 모습이다. 자기의 몸짓에 스스로를 비추어보는 일, 거기서 희열을 느끼는 존재, 그것이 바로 나요 너이다. 그리고 연극에 있어서 중요한 것은 멋있는 연기와 연출이다. 그 멋있음을 높이 사는 곳, 그것이 바로 우리가 살고 있는 세상이다. 연극은 하나의 놀이이다. 이런 의미에서 인생도 하나의 놀이이다. 멋있는 배우, 그는 익살맞은 개구쟁이다. 누가 참으로 그 개구쟁이에게 부러운 눈초리를 보내지 않을까!

92. 신의 것을 사람에게, 사람의 것을 신神에게 돌림으로써 서구의 절대주의는 번성하였다. 그러나 신의 것을 신에게, 사람의 것은 사람에게 돌림으로써 절대주의는 해체되었다. 신의 것과 사람의 것을 혼동하는 것으로부터 우리는 벗어나야 하지 않을까?

93. 도립倒立하는 것은 건강에 좋다고 한다. 그러나 그것은 가끔만 좋다. 늘 거꾸로 서서 다닌다면 어떻게 될까? 사회 운영에

도 도립 현상이 있다. 불리한 위치에 있는 사람을 위한 특별 고려가 그런 예라 할 수 있다. 그러나 사회 운영이 늘 그런 모양으로 운영된다면 어떻게 될까? 그러나 뒤떨어진 사람, 부족한 사람은 떠받쳐주면서도 각자가 자기의 능력을 발휘하며 약자와 더불어 사는 세상, 그것이 인간에게 적합한 사회가 아닐까? 물론 그것은 최고의 이상 상태라 볼 수는 없다. 그러나 최고의 이상적 상태, 그것은 아마도 신에게나 적합한 경지가 아닐까? 때에 알맞게 바꾸고 뒤집어야 산다. 봄이 왔는데도 겨울옷을 걸치고 다닌다면 분명히 그것은 때에 알맞은 짓거리가 아니다. 역사의 때가 바뀌면 사람이 살아가는 방식도 바뀔 수밖에 없다. 그렇지 못할 때 우리는 역사의 변방으로 밀려나거나 역사의 무대에서 사라질 것이다.

94. 우리말의 철학哲學은 고대 그리스어 '필로소피아 φιλοσοφία'의 번역어이다. 한자 문화권에서는 학學 또는 이학理學이라는 말이 있었다. 영어 'philosophy'는 고대 그리스어에 뿌리를 둔 말이다. '지혜에 대한 사랑'이라고 풀이될 수 있는 말이다. 동양의 학學과 대응한다고 볼 수 있다. 그런데 고대 그리스에 있어서 '필로소피아'는 특별한 배움[學]이라 볼 수 있다. 말을 타는 법을 배우는 것과 같은 것은 필로소피아라 볼 수 없다. 일하는 방법 또는 기술how to do을 배우는 것도 필로소피아라 부를 수 없다. 일과

사물의 본질, 더 나아가 사물의 근본원리를 탐구하는 활동을 필로 소피아라 부를 수 있다. 한 마디로 쉽게 풀이하면, 존재하는 것에 대해서 깊이 있게radical, 그리고 폭넓게comprehensive 탐구하는 활동 을 필로소피아라고 불렀다고 볼 수 있다.

95. 말[言語]은 역사와 더불어 변화한다. 새로운 말이 생겨 나기도 하고, 있었던 말이 소멸하기도 한다. 또 같은 말이라도 시 간과 더불어 의미가 조금씩 변화한다. 말은 존재하는 모든 것과 더불어 변화 속에 놓여 있다. 필로소피아, 철학이란 말도 역사적 변용 속에 있다. 그런데 참으로 오랫동안 고정불변한 철학의 특 징으로 여겨온 것은 철학philosophia은 영원불변하는 '절대적 진리 absolute truth를 탐구하는 활동'이라는 것이다. 그런 의미에서 여타 의 다른 지적 활동과 구별되는 최고의 자리, 지적 활동 영역에서 황제의 자리를 점유하고 있었다고 볼 수 있다. 서양 대학에서 수 여하는 최고의 학위가 Ph. D.Doctor of philosophy인데, 그것은 과거 서양에서 philosophy라는 지적 활동이 차지하는 역사적 연원과 무관하지 않다. 100여 년 전만 해도 유럽에서는 응용 학문과 대비 되는 순수 학문 전체를 지칭하는 말로 philosophy가 사용되기도 했다.

96.　서양 철학사라는 책 속에 나타나는 철학자들의 탐구 주제와 내용을 들여다보면, 시대에 따라, 역사적 상황에 따라 각기 다른 모습으로 나타난 것을 읽을 수 있다. 대표적인 예로 소크라테스와 그의 제자 플라톤이 문제 삼았던 철학적 탐구의 주제와 근세 철학의 대표적 철학자 프랑스의 데카르트의 탐구 주제는 보통 사람의 견해로는 너무나 동떨어진 주제처럼 보인다. 더구나 카를 마르크스의 철학과 비트겐슈타인의 탐구 주제는 너무나 다르다고 하지 않을 수 없다. 이것은 무엇을 말해주는가? 왜 이렇게 시대와 역사적 상황에 따라 각기 다른 주제와 내용을 지닌 철학적 활동이 이루어졌는가? 19세기 독일의 철학자 헤겔Georg Wilhelm Friedrich Hegel(1770~1831)은 철학적 활동을 날이 저물어야 날기 시작하는 '미네르바의 올빼미'에 비유하기도 했다. 이에 대응하여 카를 마르크스는 철학적 활동을 새벽에 알리는 '갈리아의 수탉'에 비유하기도 했다.

97.　그러면 한국에 있어서 철학이라는 학문에 종사하는 사람들은 무엇에 몰두하며 철학적 탐구를 한다고 스스로 자임해왔는지 뒤돌아볼 필요가 있다. 주지하다시피 한반도에 오랫동안 몸을 담고 살았던 우리 선조들은 가깝게는 중국 문명, 멀게는 인도 문명권에서 논의되었던 문제들을 가지고 지적 씨름을 했다. 간단

히 이야기해서 유불선으로 표현될 수 있는 종교적·형이상학적 문제가 서양에서 필로소피아라고 지칭되는 지적 탐구와 대응하는 지적 활동이었다고 볼 수 있다.

한반도에 몸담고 사는 사람들이 서양의 필로소피아라는 지적 탐구에 본격적으로 개입한 것은 1900년대 이후의 일이다. 소수의 예외를 제외하면, 주로 일본 학자들의 번역과 저작을 통해 걸러낸 재수입품으로서의 서양 철학과의 만남이었다. 해방 이후 대한민국에서의 철학적 탐구는 주로 대학의 철학과에 소속된 학자들의 관심거리였음은 말할 것도 없다. 지난 70여 년 동안 대한민국의 대학 철학과에서 철학적 탐구라는 영역에서 주로 해온 작업은 중국과 인도로부터 유입되어온 사상들의 문헌 해독과 해설, 그리고 서양 철학사에 기록된 사상가의 저술 해독과 해석에 집중되었다 해도 과언이 아니다. 한마디로 철학사 공부하기였다.

과거 동서양의 철학자들이 산출한 철학적 작업은 그들이 살면서 당면했던 문제들에 대한 자기 나름의 처방이요, 응답의 궤적이라 볼 수 있다. 그러나 그들 각자 내심으로는 절대불변의 진리에 대한 탐구라고 여겼는지도 모른다. 어쩌면 특정한 시대와 상황에서 살았던 사상가들에게 포착된 진리라고 볼 수도 있다. 인간은 절대적 진리를 갈구하는 존재인지도 모른다. 하지만 인간은 어떤 특정한 시대와 특정한 상황이라는 제한 속에 존재하기에 시간과 상황을 초월한 절대적 진리의 파악이란, 한갓된 인간의 희구일 뿐, 인간이 포착한 진리는 특정한 시대와 상황이라는 빛 아래서 드러난 진리인지도 모른다. 그래서 영원의 상 아래에서 본 절대 진리란 인간 존재의 유한성 때문에 언제나 인간에겐 사막 속 한가운데 있는 인간의 눈에 나타나는 신기루와 같은 것에 지나지 않는지 모르겠다.

98. 동양의 옛 선현들의 저작과 서양의 옛 선현들의 저작은 그들이 살았던 시대와 상황 속에서 포착된 하나의 진리였다. 그러기에 옛 고전들에 관한 연구는 철학사의 연구이다. 그러고 보면 이 땅의 철학과에서 많은 사람이 몰두했던 작업은 철학사 연구였다고 볼 수 있다. 그렇다고 그냥 얕잡아 보아서는 안 된다. 인간에게 있어서 창조적 작업이란 결코 무無로부터 출발할 수 없다. 선현들의 저작을 탐구하는 것은 자신의 창조적인 철학적 작업을 위한 토대요, 자신의 철학적 사유의 비약을 위한 뜀틀이 아닐 수 없다.

우리가 철학사에서 만나는 선현들도 그 이전의 선배들이 쌓아놓은 업적을 바탕으로 하여 자신의 독자적인 창조적 사유를 수행했다고 볼 수 있다. 패러다임의 변화paradigm change란 그 이전의 앞선 패러다임을 전제로 하기 때문이다.

서양 근대 철학의 선구자인 데카르트가 새로운 사고의 틀을 제시할 수 있었던 것은 그에 앞선 사고의 틀로서의 패러다임이 존재했고, 그 이전의 패러다임에 관한 탐구가 선행했기 때문에 가능했다고 볼 수 있다.

99. 지금 한반도에 몸담고 사는 사람들은 어디로 갈지 몰라 방황하고 있음을 대중매체를 통해 매일 느낀다. 특히 이 땅의 지도자로 자처하는 사람들, 그 가운데서도 정치권을 드나들며 백성을 이끌고 간다는 사람들의 언행을 듣고 보고 있노라면 그야말로 가관이다. 서양이나 외국에서 이미 오래전에 풍미하던 생각의 보따리를 들고 오늘 한국이 당면한 문제들에 대한 해답을 내놓는다고 야단하는 꼴을 보고 있노라면, 한숨이 절로 나온다. 노래야 옛날 유행가를 불렀다 해서 조금도 부끄러울 게 없다. 그러나 구시대의 내비게이션navigation을 달고, 백성들을 이리저리로 몰고 가는 이 땅의 운전기사들이 바로 이 땅의 정치권에서 큰소리를 치고 있는 정치 지도자들이라 할 수 있다. 오늘 이 땅은 그야말로 혼란을 넘어서 오늘의 공동체를 존재 위기 속으로 끌고 들어가는 형국이 아닐 수 없다.

크게 들어보면, 오늘 이 시대는 인류 문명의 대전환기이다. 국경이라는 높은 칸막이 안에 갇혀 살던 지구 위의 인간들이 이제 국경을 넘어서 인적·물적 교류와 함께 인터넷이라는 인류 역사상 처음으로 등장한 통신기기로 지구가 정보와 온갖 견해가 동시다발적으로 교환되는 하나의 정보통신 체제로 변모되어가고 있다. 인간의 삶의 방식이 혁명적으로 변화되는 참으로 전에 볼 수 없던 온갖 현상들이 출몰하는 그야말로 문명의 대전환이 지금 지구 위에서 일어나고 있다. 과거에 통용되던 온갖 사고방식과 사회체제가 용도 폐기되는 이 시대에 옛 사고방식과 사회체제에 매달려 있는 개인과 공동체는 그야말로 문명의 대변혁이라는 문명의 진화 과정에서 도태되고 말 것이 불을 보듯 뻔하다.

한반도에 몸담고 사는 사람들은 지난 문명의 변방에서 이리 치이고 저리 몰리는 수난의 역사를 뼈아프게 체험했다. 다가오는 신문명 세계에서 변방을 헤매는 역사의 미아가 된다는 것은 상상만 해도 끔찍하고 몸서리치게 하는 일이 아닐 수 없다.

100. 창조적 사색인은 선현들의 저술들을 탐독한다. 그러나 그것은 그의 창조적 활동을 위한 토대요 뜀틀은 될 수 있으나, 그의 창조적 활동의 탐구 대상은 아니다. 그의 탐구 대상은 어디까지나 자신의 몸담고 있는 현실이 제기하는 문제 상황이다. 그 문제 상황에 대한 적절한 진단과 처방을 내리는 것이 그 시대와 호흡하는 창조적 사색인의 임무요, 사명이다. 그 시대가 해명해야

할 과제를 명료히 하고, 그 과제를 해결하기 위한 방향을 보여주는 개념적 지도가 창조적 철학이 산출하는 내비게이션의 본모습이다.

모든 살아 있는 사상은 자기 시대가 해명해야 할 과제를 명료하게 함으로 시대정신을 대변한다. 오늘 이 땅은 이 시대가 당면한 문제들에 정면승부를 거는 지적 용기와 실천력을 지닌 생동하는 철학자를 요청하고 있다. 신문명은 새로운 개념적 지도, 신문법을 요청한다. 이러한 철학적 작업이 산출하는 신문법이 다름 아닌 그 시대를 위한 내비게이션이다.

2장

신문명과 신문법

Ⅰ. 문명의 대전환

오늘이 어떤 때인가를 아는 것은 지혜에 이르는 첫 관문이요, 그때에 알맞은 처방을 마련하는 것은 지혜의 알맹이다. 그리고 그 처방을 현실화하는 작업을 하는 것은 용기 있는 인간들이 이룩해내는 가장 덕스러운 일이다.

때를 바로 인식하는 것이 중요하다는 것을 사람들은 잘 알고 있다. 그리고 봄에는 봄에 알맞은 일을 해야 하며 여름과 가을 그리고 겨울에는 그때에 알맞은 일을 해야 한다고 쉽사리 말한다. 그러나 핵심은 바로 오늘이 어떤 때인가를 아는 것이다.

주식시장의 사람들은 말한다. 주가가 꼭대기에 있을 때는 팔며, 바닥에 있을 때는 사야 한다고. 그러나 문제는 오늘의 주가가 꼭대기에 있는지 바닥에 있는지를 아는 것이다. 그런데 이것은 너무나 어려운 일이다. 만일 오늘의 때가 어떤 때인지를 정확히 아는 자가 주식시장에 나간다면, 그는 정녕코 주식시장의 황태자가 될 것이 분명하다.

한 가지 분명한 사실이 있다. 무릇 생명을 가진 것들 치고 때를 모르는 존재는 거의 없다. 산다는 것은 바로 하늘의 때[天時]에 알맞은 몸짓을 함으로써만 가능하다. 봄이 되면 산과 들에 새싹이 움튼다. 또한, 온갖 모양으로 몸을 도사리고 있는 동물들도 때에 맞추어 새로운 몸짓을 하며 고개를 쳐들고 나타난다. 그리고 한여름 밤에 온갖 기승을 부리던 모기들도 늦가을 찬 바람이 불면 하룻밤 사이에 숨을 죽이고 만다. 무릇 생명 있는 것[有生者]들은 때를 거역하고서는 존재할 수가 없다. 그러므로 산다는 것은 때를 알며 —어떤 방식으로든지— 그때에 알맞은 일을 하는 것이다.

한겨울에 들판의 장미가 꽃을 피우려고 한들 무슨 도움이 있겠는가? 인간도 다른 살아 있는 것들과 마찬가지로 하늘의 때를 어기고서는 존재할 수가 없다. 살아 있는 인간치고 하늘의 때를 모르는 자가 없다고 말해야 하지 않을까.

그런데 인간은 단순한 자연의 존재가 아니다. 인간은 자연을 완전히 초월할 수는 없으나, 자연 안에 그저 갇혀 있는 존재가 아니다. 인간은 자연을 밑천으로 삼고 **새로운 존재 세계를 창조해가는 역사적 존재다. 자연에 토대해 있으나, 자연과는 다른, 인간이 창조해낸 새로운 존재 세계가 바로 우리가 문화 혹은 문명이라는 말로 표현해온 세계이다.**

자연이 인간의 만듦의 행위와 관계없이 그저 존재하는 것과는 달리, 문화와 문명은 인간의 만듦의 행위의 산물로 나타난 존재 세계이다. 문화와 문명은 인간이 자연을 바탕으로 삼고 만들어낸 새로운 존재 세계이다. 나는 여기서 일단 문화와 문명을 구별하지 않고 '문명'이라는 말로 통칭하고자 한다. 인간이 역사를 만들어간다는 것은 바로 인간이 문명이라는 자연과는 다른 새로운 세계를 만들어간다는 것을 의미한다. 이런 의미에서 인간의 역사는 단순한 자연사의 일부가 될 수가 없다. 인간은 자연 세계 안에서 자연을 밑천으로 삼아 새로운 문명의 세계를 만들어가는 역사적 존재이다. 따라서 인간에게 요청되는 것은 단순한 하늘의 때에 대한 인식 이상의 것이다. 역사의 때에 대한 인식이 바로 그것이다.

지금 우리가 관심을 가지고 있는 것은 바로 역사의 지평에서 오늘이 어떤 때인가 하는 물음이다. 이미 말했듯이 역사의 때를 정확히 안다는 것처럼 어려운 일은 없다. 그렇다고 해서 그냥 팔짱만 끼고 있을 수도 없으며 또 그래서도 안 된다. 이것은 역사적 존재의 곤경인 동시에 역사적 존재의 책무이기도 하다.

'역사의 종언' 혹은 '말세末世'를 말하는 사람의 수가 어느 때
보다 요즈음 많다. 물론 그 말은 엇비슷하나 그 속에 담은 뜻은 여
러 가지다. 말하는 사람도 점잖은 학자로부터 사이비 교주, 무당
등 여러 가지다. 여러 가지 차이에도 불구하고 한 가지 공통적인
것은 무언가 '끝나간다'는 것이다. 끝이 곧 임박했다는 것이다. 지
금까지 있던 것들의 마지막 날이 가까웠다는 것이다.

혹자는 그 후에 새날이 온다고 하고, 혹자는 그것이 영원한
끝이라고 말하기도 한다. 여기서 우리는 저 공통의 목소리에 담
긴 뜻을 되씹어볼 필요가 있다. 나는, 역사의 영원한 종말이 사실
이라면, 우리가 거기에 대해 진지하게 논의할 필요가 없다고 생각
한다. 그것이야말로 우리가 어쩔 수 없는 것이요, 또 그렇게 어쩔
수 없는 것인 한, 우리가 할 수 있는 일은 아무것도 없기 때문이다.
그저 받아들이는 일밖에 아무것도 가능하지 않기 때문이다. 우리
에게 남겨진 것이 있다면 각자 자신으로 돌아가 기쁜 마음으로 그
마지막을 받아들일 수 있는 마음자리를 정돈하는 일이다.

어떤 의미에 있어서 모든 인간은 근원적으로 마지막 날을 준
비해야 하는 존재이다. 죽지 않는 불사자는 아무도 없기 때문이
다. 따라서 인류 문명의 끝날이 오진 않더라도, 나와 너 그리고 누

구에게나 종말의 날은 찾아오게 마련이다.

그러므로 역사에 관해 종말을 이야기할 때, 의미 있는 논의의 대상은 어떤 유형의 역사의 종말이요, 역사 자체, 문명 자체의 영원한 종말은 아니다. 우리에게 흥미를 돋우는 것은 한 문명이 끝막음하고, 그 뒤를 이어 나타나는 새로운 문명이 어떤 것인가, 그리고 그 문명에 대하여 어떤 준비를 해야 할 것인가 하는 문제다. 지금까지 진행된 것과 같은 문명이 끝막음하고 새로운 문명이 시작되는 그때가 바로 오늘이라면, 오늘은 분명히 **문명의 대전환**이 일어나고 있는 때라고 하지 않을 수 없다.

사람들은 다음과 같은 몇 가지 지적을 하며 역사의 전환, 문명의 변혁을 이야기하고 있다. 농경 문명은 사람과 동물의 '근육의 힘'이라는 에너지를 이용해서 움직이는 문명사회였으며, 산업사회는 석탄과 석유라는 에너지에 의존하여 가동되는 문명이었다.

지금 다가오는 문명은 그와는 다른 새로운 여러 가지 에너지를 이용하는 문명이 될 것이라고, 그리고 지금까지 산업 문명에 있어서는 자본과 노동이 생산의 핵심이었으나 앞으로 다가오는 문명은 지식과 정보가 문명의 핵심적 추동력인 문명이라고, 또 여태까지의 문명은 인간의 욕망을 충족시켜줄 대상을 얻기 위해 자연을 일방적으로 정복하고 지배하려는 자연 파괴의 문명이었다면, 앞으로 다가오는 문명은 환경보호를 지상의 가치로 삼는 생태학적 문명이 되어야 한다고, 또한 지난 반세기 동안 세계는 이데올로기 대립의 역사였으나, 이제 공산주의 종주국의 붕괴로 이데올로기 투쟁의 역사는 끝나고 자본주의 시장경제만이 지배하는 문명이 도래하고 있다고, 서구 중심의 문명이 태평양 중심의 문명으로 역사의 중심 이동이 일어나고 있다고 사람들은 말한다.

　이러한 지적들이 확실히 보여주는 것은 분명히 오늘은 결코 범상凡常한 때가 아니라는 사실이다. 굉장한 변화, 어쩌면 엄청난 변화가 지금 지구라는 땅덩어리 위에서 일어나고 있다는 것을 누구도 부정할 수가 없다. 지금 우리가 앞으로 추적해보려는 것은 이러한 여러 가지 언어로 표현되는 새로운 변화의 모습을 보다 선명하게 구조적으로 파악할 수 있게 해주는 새로운 틀이 무엇인가 하는 것이다. 그러한 역사의 새로운 변화의 큰 줄거리를 나는 '신문명新文明'으로 파악함과 동시에 그러한 신문명의 밑바닥에 놓인 '새로운 틀'을 나는 '신문법新文法'이라고 부르고자 한다.

Ⅱ. 신문명의 도래: 정보·지식사회

지금까지의 문명을 농경사회, 산업사회라고 대별한다면 앞으로의 문명은 정보·지식사회라고 말할 수 있을 것이다. 정보·지식사회는 본질적으로 정보와 지식이 사회의 핵심적 추동력을 형성하는 사회라고 말할 수 있다. 정확히 말하면 인류 역사의 전개 과정은 인간이 지식과 정보를 개발함으로써 자연의 속박에서 벗어날 수 있는 새로운 가능성의 영역을 확대해온 과정이라고 볼 수 있다.

이런 시각에서 볼 때 우리가 농경사회라고 부르는 사회에 있어서도 지식과 정보의 힘은 큰 역할을 담당하고 있었다고 볼 수 있다. 농경사회에서도 인간은 그저 자연 안에 갇혀 있는 존재가 아니었기 때문이다. 인간의 기지機智를 사용하여 인간의 생존에 필요한 식물과 동물을 자기의 통제 아래 두어 관리할 뿐 아니라, 인간의 안전한 생존에 필요한 주거를 비롯한 각종의 문화적 도구를 창안해서 사용하였다. 그뿐만 아니라 어쩌면 현대인을 능가하는 학문과 예술 그리고 종교 등의 문화적 세계를 창안하여 품위 있는 삶을 향유했던 시대였다.

산업사회는 말할 것도 없이 인간의 지식과 정보를 이용하여 농업 생산이라는 자연적 생산과는 다른 공정 생산이라는 인위적 생산 체계를 개발했던 시대였다. 따라서 신문명만이 정보와 지식이 활용되는 그런 세상은 아니다. 신문명을 정보·지식사회라고 부르는 데 그 어떤 타당성이 있다면, 정보와 지식의 역할의 정도가 매우 높다는 의미에서 강조하는 데 그 뜻이 있을 것이다.

나는 정보·지식사회의 전개를 지구촌화, 중층화重層化, 다핵화多核化, 다원화多元化, 녹색화綠色化, 질 중심質中心 등의 시각에서 특성화하고자 한다.

지구촌화

교통과 정보통신 기술의 첨단화가 가져온 가장 두드러진 현상 가운데 하나는 공간의 축소화 현상이다. 옛사람들에게 지구는 엄청나게 큰 공간이었을 뿐 아니라, 지구 한끝에서 다른 한 끝까지의 거리는 참으로 엄청난 여로旅路였다. 그러나 오늘 그 엄청난 거리는 몇 시간의 여행길로 변모하였으며, 지구 한쪽 끝에 있는 사람과 다른 쪽 끝에 있는 사람이 서로 얼굴을 마주 보며 대화할 수 있는 지근至近의 공간으로 변해버렸다. 그야말로 공간이 축소되어버린 것이다.

그래서 그 엄청난 공간은 이제 하나의 촌락, '지구촌global town'이 되어버렸다. 지금까지 인류 역사는 공간의 포로의 역사라 해도 과언이 아니다. 공간의 어떤 좌표에 놓여 있느냐가 인간의 삶에 결정적인 영향을 미쳤다. 그리고 공간과 공간을 차단하는 무서운 힘을 발휘한 것은 지세地勢였다. 그래서 얼마나 큰 산과 큰 물이 가로놓여 있느냐에 따라 역사의 대세와 문명의 내용이 결정되었다. 문명은 본질적으로 인간에 의해 창안된 새로운 존재 세계다. 여기서 가장 핵심적 역할을 하는 것이 바로 인간의 두뇌로부터 나오는 지식과 정보의 힘이다.

그런데 과거에는 이러한 지식과 정보의 유통은 한 사람의 입에서 다른 사람의 귀로 직접적인 신체적 소통에 의해서 이루어지거나, 손에서 손으로 전달되는 문서에 의한 길밖에 없었다. 모두가 인간의 신체적 운동을 매개로 한 정보의 전달이었다. 이때 큰 산은 정보를 차단하거나 지연시키는 근본적인 장벽으로 등장하게 마련이다. 그러나 오늘의 첨단 정보 기술의 등장은 그 모든 물리적 장벽을 무효화시키고 있다. 그리하여 하나의 열린 정보 세계가 나타나고 있다.

중층화

이러한 정보 전달 체계의 혁신은 지금까지 인간과 인간을 묶는 인간의 사회적 조직 체계에 근본적인 변화를 초래하고 있다. 국경이라는 장벽을 중심으로 형성되어온 '국가'라는 권력 조직에 근본적인 변화가 나타나고 있다. 국경의 문턱이 낮아지고 있다.

WHO의 출범은 경제에 관한 한 이제 국경은 무력화되고 있다는 것을 보여주고 있다.

경제에 무력해진 국경을 배경으로 운영되는 국가라는 정치 조직은 이제 과거와 같은 그렇게 각질화된 조직이 아니다. 연성軟性 조직으로 변모되어가고 있다. 그런가 하면 국가 하위의 지방 조직이 지방화地方化의 깃발 아래 국가의 하위 단위가 새로운 사회의 층層으로 형성되고 있다. 또한 '연성 국가'의 연합체인 NAFTA, EU, APEC 등과 같은 중간층이 형성되고 있다.

이렇게 보면, 세계는 지구촌화를 통해 하나의 열린 정보 체계로 통합되어가고 있으며, 그 하위에 광역국가 지역 조직층(EU, NAFTA 등), 그다음에 연성 국가층, 지방 조직층 그리고 종횡의 각종 시민 조직층이 형성되고 있다. 지금까지 개인이라는 사회적 원자와 그 사회적 원자로 구성된 아주 딱딱한 국경이라는 껍질로 싸인 국가라는 경성 조직층硬性組織層으로 구성되었던 사회는 오늘 중층의 사회 조직으로 변모되어가고 있다.

다핵화

오늘 사람들은 대서양 연안의 서구 중심적 문명이 태평양 연안의 아시아 중심 문명으로 문명의 핵심이 이동하고 있다고 말한다. 그러나 정확히 말하면 신문명에 있어서는 문명의 핵이 하나가 아니라 다수가 될 것이다. 다핵화多核化가 신문명의 미래상이다. 그리고 그 다핵多核들은 그때그때의 역할에 따라 가장 중심적인 구심점 역할을 교대로 떠맡게 될 것이다. 태평양 연안은 그러한 다핵 가운데 하나가 될 것이다. 그리고 역사의 전개와 더불어 떠맡은 역할에 따라 구심점에 서게 될 수도 있을 것이다. 문명에 하나의 중핵中核밖에 존재하지 않던 때는 이미 지났다.

다원화

'외길의 시대'는 지났다. 절대적이고 유일무이唯一無二한 외길밖에 모르는 사람은 신문명의 시민 자격이 없다. 외길밖에 모르는 자는 절대의 신봉자가 되거나, 아니면 허무의 늪 속에서 허우적거리기 쉽다. 신문명의 성숙한 시민에게는 절대도 허무도 모두 미성숙의 징표로 인식될 뿐이다. 길이 하나가 아니라면, 아무것도 아니라는 것은 인간의 인식 지평의 한계를 모르는 자의 극단적 발언일 뿐이다. 절대는 신의 자리는 될 수 있어도 인간의 자리는 아니기 때문이다. 인간의 자리를 올바로 인식하는 자는 사실의 세계와 당위의 세계에 관하여 자기의 자리에서 본 모습과 이웃의 자리에서 본 모습이 다를 수 있음을 인정할 뿐 아니라, 동등한 타당성을 부여하는 데 주저하지 않는다. 다원화는 바로 이런 의식의 표현이다.

내 생각의 타당성의 한계를 인식하면서도 내 생각을 당당하게 펴는 사람은 바로 다원적 사고의 지평에 서 있는 사람이다. 다원적 사고야말로 인간적인 너무나 인간적인 열린 마음의 의식 양태다. 이 다원적 세계 안에서 비로소 사람들은 자기의 목소리를 내는 자유인으로 살 수 있다.

녹색화

과학기술을 동원한 자연의 정복을 통하여 인간 욕망의 충족을 극대화할 수 있다는 믿음과 희망은 생태학적 위기 앞에서 좌절되었다. 이것이 바로 '과학기술 지상주의의 역설paradox of technoutopia'이다. 이 역설은 본질적으로 '쾌락주의의 역설paradox of hedonism'[9]과 궤를 같이한다. 쾌락의 극대화를 의도하여 노력하나 결국 얻는 것은 그 반대의 것이다.

독식獨食과 독존獨存은 이 세계의 근본 구조와 맞지 않는다. 자연은 인간의 일방적 정복의 대상이 아니다. 인간과 자연은 서로 살리고 살려주는 한통속의 살림, 공동 생명권 속에 놓여 있다.

자연이 질식하는 곳에서 인간만이 생명의 호흡을 할 수는 없다. "자연이 호흡한다. 그러므로 내가 웃는다." 이 언명은 인간과

---

9   에피쿠로스, 『에피쿠로스 쾌락』(박문재 역, 현대지성, 2022).

자연이 더불어 있음의 생명 공동체의 일원임을 천명하는 것이다. 이 언명은 바로 신문명 시민의 자아 존재 확인 언명이다. 녹색화는 바로 이런 자연관의 표현이다.

질 중심

규격화된 대량생산은 산업 문명의 징표였다. 말하자면 크고 많은 것이 좋다는 의식이 중심을 이룬 시대였다. 이것은 인간의 생존을 위한 기초적 물질이 궁핍한 시대에서는 너무나 당연한 인간의 의식일지 모른다. 그러나 인간의 생존을 위한 기본적 물질적 조건이 인간 대부분에게 충족되고 나면, 물질의 양보다는 질에 더 큰 관심이 쏠리게 되는 것은 자연스러운 일이다. 그뿐만 아니라 물질 숭배에 가까운 과도한 물질에 대한 관심도 차츰 완화됨과 동시에 물질 이외의 가치가 차지하는 비중이 높아가는 추세로 바뀌어갈 수 있다. 따라서 신문명은 지금까지의 문명에서와는 달리 **문화적인 가치**가 삶의 중심 자리를 차지하게 될 수 있다. 더 나아가 녹색화 현상이 강화되면 될수록 '**신금욕주의**新禁慾主義'가 시대의 정신으로 나타날 수도 있다.

물질의 양이 중시되던 시대에서는 인간의 욕망을 충족시켜줄 대상의 확대 생산을 통해 행복을 추구하는 물질만능적 사고가 지배적이다. 그러나 녹색화 의식이 지배하는 시대에는 이러한 상황 아래서 품위 있는 삶의 방식으로 등장할 수 있는 것은 인간 욕망의 충족을 자연의 생태학적 질서 안에 제한하려는 **절제의 삶**을 보다 가치 있고 품위 있는 삶으로 여기는 삶의 태도이다. 이것이 바로 우리가 여기서 신금욕주의라고 부르는 삶의 태도이다.

Ⅲ. 신문명: MOW 모형과 맞물림

신문법

신문법新文法은 신문명을 인식하고 해석하는 틀이요 구조이다. 그러나 신문법은 단수한 자의적인 가공架空의 건축물은 아니다. 그것은 신문명이라는 존재 세계를 들여다보는 '안경spectacles'인 동시에 신세계의 풍경의 골격이기도 하다. 나는 'MOW 모형과 맞물림'을 그런 신문법의 하나로 제안하고자 한다.

MOW는 '창문이 열려 있는 단자Monad with Open Window'를 뜻하는 약자이다. 라이프니츠Gottfried Wilhelm Leibniz(1646~1716)는 일찍이 '창문이 없는 단자'[10]를 제안한 바 있다. 나는 여기서 창문

---

10   G. W. 라이프니츠, 『모나드론 외』(배선복 역, 책세상, 2007).

이 있을 뿐 아니라 창문이 열려 있는 단자를 제안한다. 그리고 그런 단자들은 서로 맞물려 있다는 모형을 신문명을 인식하고 해석하는 기본 틀로서 제시하고자 한다.

MOW의 기본특징

① MOW는 **소우주**Microcosmos이다. 이런 의미에서 MOW는 전체의 구조를 잠재적으로 지니고 있다. 그러나 현실적으로는 어떤 존재의 한 부분으로 존재하며, 전체의 구조가 부분적으로 실현되어 있을 뿐이다. 여기서 실현된다realized고 함은 잠재적potentially으로 지닌 전체 구조의 어떤 부분만 활성화되었다activated는 것을 의미한다.

MOW는 어떤 사물의 부분이면서 동시에 어떤 사물의 전체 구조를 내포하고 있다. 하나의 장미잎의 세포는 그 세포가 구성하는 장미의 전체 구조를 잠재적으로 지니고 있다. 그러나 장미잎에는 장미의 전체 모습이 실현되어 있지 않다. 장미의 잎에는 장미의 잎 부분의 모습만이 활성화되어 있을 뿐, 장미의 나머지 부분들(구조들)은 실현되어 있지 않다.

하나의 세포를 가지고 복제cloning가 가능한 것은 하나의 세포가 전체의 구조를 잠재적으로 가지고 있기 때문이다. 하나의 장미의 세포는 장미의 부분인 동시에 구조적으로 전체 구조를 내포하고 있다.

② 하나의 MOW는 다른 MOW의 열린 창문을 통해 상호작용한다. 이때 MOW는 활성화의 원리를 통해 자기실현을 극대화하며, 균형의 원리에 의해 MOW들 사이의 형평을 유지한다. 이렇게 MOW들은 **서로 맞물려 있다.**

③ MOW1과 MOW2가 맞물려 있다는 것은 서로 **음양 관계**에 있다는 것을 의미하며 다음과 같은 네 가지 관계를 함축한다(차별, 상호 공존, 상반, 상보).

(ㄱ) MOW1은 MOW2와 다르다(**차별**).

(ㄴ) MOW1 없이 MOW2는 없으며, MOW2 없이 MOW1도 없다(**상호 공존**).

(ㄷ) MOW1이 갑 방식으로 작용하면, MOW2는 비非갑 방식으로 작용한다(**상반**).

(ㄹ) MOW1과 MOW2는 서로 보완적이다(**상보성**).

④ MOW는 중층적 구조를 지닌 여러 가지 존재를 구성하는 **기본단위**다.

맞물림의 관계에 있는 것들

다음의 몇 가지들은 서로 맞물림의 관계에 있다(① 개체와 전체, ② 자유와 평등, ③ 인간과 자연, ④ 인식 주체와 인식 대상).

① 개체와 전체: 지금까지 서양 사상의 전통에 있어서 부분으로서의 개체론individualism 혹은 원자론atomism은 전체론holism과 대립적이거나 배타적인 관계에 놓인 것으로 이해됐다. 그리하여 자본주의는 개체론의 전통과의 연결 속에서 이해되며, 사회주의와 공산주의는 전체론의 틀 속에서 이해됐다.

그러나 앞에서 살펴본 MOW는 그 자체가 부분이면서 전체의 구조를 내포한 것으로 이해될 수 있음을 보았다. 부분과 전체는 서로 배타적이라기보다는 하나의 사물을 어떤 관점에서 보느냐의 문제와 관련된 상호 보완적이며 공존적인 성격의 개념으로 이해될 수 있다.

② 자유와 평등: 자유와 평등은 각기 자유주의liberalism와 공동체주의communitarianism 깃발 아래 논의됐다. 또한, 역사적으로 자유주의는 개체론에 뿌리를 두고 있었으며, 공동체주의는 전체론에 뿌리를 두고 있었다. 그런데 개체론과 전체론은 이미 지적했듯이 대립적이거나 배타적인 것이 아니다. 양자는 양립 가능

compatible하며, 상호 보완적complementary인 관계, 즉 맞물림의 관계에 있다. 따라서 자유와 평등은 이러한 새로운 시각에서 재구성될 수 있을 것 같다.

서양 사상에 있어서 필연에 반대 개념으로 이해된 자유는 하나의 형이상학적 가정에 불과하며, 실제의 현실적 문맥에서는 불필요한 개념이다. 실제의 도덕적 정치적 문맥에서 요구되는 자유는 강제에 반대되는 개념으로서의 자유인 것이다. 그뿐만 아니라 무차별적 균등 배분으로 이해되는 평등은 현실적으로 어떤 상황에서나 정당화될 수 있는 개념이 아닐 뿐 아니라, 그것은 공정성을 소중히 여기는 일상인의 의식과 일치하지 않기 때문에 일상인의 정의 개념과도 거리가 있다.

지금까지 자유는 자본주의 시장경제의 문맥 속에서, 평등은 사회주의 계획경제와의 연관 속에서 논의됐다. 이러한 개념의 짝지음은 미래 사회에 대한 전망에서도 흔히 나타나는 현상이기도 하다. 그리하여 신문명의 성격에 대한 전망에서 우리는 자유와 평등 가운데 어느 한 가닥을 선택해야 하는 좁은 길에 들어서게 된다. 그러나 우리가 제시하는 바와 같이 자유와 평등을 맞물림의 관계 속에서 파악하게 될 때 우리는 저 좁은 길의 선택에서 벗어날 수 있을 것이다.

③ 인간과 자연: 지난 서구 산업 문명에 있어서 자연은 과학 기술을 동원한 인간의 지배와 정복의 대상이었다. 그 결과 인간이 직면하게 된 것은 '과학기술 지상주의의 역설'이라는 생태학적 곤경이었다. 이 생태학적 곤경은 인간의 존재 자체, 인류 문명의 존속 자체를 위협하는 근본적인 위기다. 따라서 이 근본적인 위기를 극복할 수 있는 대안이 마련되지 않으면 안 된다. 그 대안들 가운데 가장 근본적인 대안으로 등장하는 것이 바로 **인간의 자연에 대한 기본적 태도의 전환**이다. 자연에 대한 인간의 관계를 어떻게 설정하느냐가 바로 기본적인 문제이다.

인간과 자연의 관계를 종래의 배타적이며 적대적인 관계로부터 상호 공존적이며 상호 보완적인 맞물림의 관계로 우리의 인식과 태도를 전환하는 것이 무엇보다 중요하다. 인간과 자연은 서로 다른 것이긴 하지만, 온전한 자연integrity of nature이 없이 인간의 생존은 불가능하다.

인간과 자연은 더불어 있음의 존재론적 관계에 놓여 있다. 인간은 홀로 있는 존재가 아니다. 인간을 홀로 있음의 관점에서 파악한 근세 이후의 인식론과 실존철학적 전제는 이런 의미에서 근원적으로 방향 설정이 잘못된 철학이라 하지 않을 수 없다.

④ 인식 주체와 인식 대상: 서양 철학사를 통해서 볼 때 가장

오래된 논쟁의 하나가 인식 주체와 인식 대상의 역할에 관한 논쟁이다. 말하자면 인식 주체인 인간 정신의 역할과 기능을 인식 대상의 물리적 세계나 실질 세계와 비교하여 어떻게 보느냐가 바로 핵심 쟁점이다. 인간 정신의 역할과 기능을 극단적으로 강화하려는 하나의 극단이 있는가 하면, 인식 대상으로서의 물리적 세계의 역할을 전면에 부상시키려는 생각이 그 반대쪽에 있다. 전자는 관념론 혹은 반실재론, 후자는 유물론 혹은 실재론이라고 명명됐다. 이 논쟁은 철학의 역사만큼이나 오래된 논쟁으로 최근까지도 계속되고 있음은 우리가 다 아는 바이다. 최근에 이르러 전자는 상대론과 제휴하며 후자는 반상대주의(혹은 절대론)와 제휴하에 논의가 진행되고 있다. 오늘날 관념론이 상대론과 손잡게 되는 것은 인식 주체가 경험적 차원에서 논의됨으로써 인류학적인 상대론의 시각으로 방향 선회를 했기 때문이다. 전통적인 철학에서 인식 주체는 보편적이며 다수가 아닌 '하나의 공통 영역'으로 이해되었다.

그리고 오늘날 인식 대상의 문제는 실재론의 깃발 아래 지식의 객관성, 진리의 객관성, 더 나아가 진리의 절대적 타당성의 맥락 속에서 새롭게 부각되고 있다. 지식과 진리의 뿌리가 인식 주관인 인간에 놓여 있다고 보는 관념론 쪽에서는 진리가 상대적인 것으로 파악된다. 그리고 지식의 타당성의 근거가 인식 대상이라는 객관적 표준에 의해 결판이 난다고 보는 실재론 쪽에서는 진리가 객관적이라는 주장을 펴게 된다.

최근의 포스트모더니즘이나 해체론은 진리에 대해 객관적 표준이나 절대적 기준을 말하는 것은 불가능하다고 본다. 그다음에 진리에 관해 남은 선택은 사실상 아무것도 없다. 허무nihil가 바로 그것이다. 포스트모더니스트들이 니체의 후계자로 자신들의 사상적 계보를 고백한다고 해서 전혀 놀라운 일이 아니다. 왜냐하면, 니체야말로 실재론적 시각을 거부한 대표적 사상가이며, 그것을 그는 절대적 진리의 포기선언과 동일한 것으로 이해했다. 그러고 나서 그가 선언한 것이 바로 "신은 죽었다Gott ist tot"라는 말이었다. 신은 그에게 바로 모든 절대적인 것의 상징이며 총화였다.

니체에게 있어서 실재는 인간의 피안에 놓여 있다. 우리에게 주어진 모든 것은 관념, 표상Vorstellung뿐이다. (이런 생각은 그가 쇼펜하우어Arthur Schopenhauer(1860~1788)로부터 물려받은 것이었다. 그리고 쇼펜하우어는 그것을 칸트로부터 물려받은 것으로 생각했다.)

실재에의 접근 가능성을 부인하는 오늘의 철학자들은 상대주의자가 되거나 허무주의자가 된다. 진리의 표준, 준거점이 되는 실재가 인간의 피안에 놓여 있다고 믿기 때문에 진리도 우리의 피

안에 놓여 있는 것이 되고 만다. 그리고 남는 것은 이래도 저래도 괜찮다는 것뿐이다. 아무래도 좋다. 결국, 허무의 무거운 그림자만 드리울 뿐이다.

우리가 여기서 지적하고자 하는 것은 인식 주체와 인식 객체는 맞물림의 관계에 있다는 것이다. 인식에 관한 한 그것은 불가분리不可分離의 공존 관계에 있으며, 보완 관계에 놓여 있다. 이 둘은 서로 다른 것이지만 서로 배타적이거나 모순 관계에 있는 것이 아니다. 따라서 어느 한쪽만을 붙들고 극단화하는 것은 근원적으로 방향 설정이 잘못되었다. 이러한 우리의 입장이 함축하는 것은 실재만을 붙들고 절대로 나가려 하거나, 인식 주관만을 붙들고 관념론 혹은 상대론으로 나가는 것은 옳지 않다는 것이다.

여기서 우리가 분명히 말할 수 있는 것은 "절대도 허무도 아니다"라는 것이다. 절대가 아니기에 허무라고 외치는 해체론 deconstructionism과 포스트모더니즘postmodernism에게 때가 지났음 post을 알려주는 일을 우리가 해야 한다. 말하자면, 일종의 '포스트–포스트모더니즘post-postmodernism'의 제창이라고나 할까?

IV. 신문법이 지니는 신문명에 대한 함축

MOW는 정보화 조직의 원형이다. 정보화 조직은 전통적인 중앙 집중식 조직과는 달리 정보화 조직 속의 개인은 전체에 관한 정보를 가지고 있을 뿐 아니라, 그 놓인 위치에 따라 여러 가지 역할을 바꾸어가며 수행할 수 있다. 정보화 조직에서는 졸병과 대장이 따로 정해져 있지 않다. 그물조직에 있어서 개인의 성격과 역할은 다른 것과의 배열에 의해서 결정된다.

예를 들어, 6명이 한 팀이 되어 위치를 바꾸어가며 게임을 하는 배구 선수팀은 우리가 여기에서 '정보화 조직information organization'이라고 부르는 조직의 한 유형이라 볼 수 있다. 이것은 전통적인 중앙 집중식 조직과 크게 대조를 이룬다. 중앙 집중식 조직에 있어서는 정점에 위치한 한 사람만이 전체 정보에 접근 가능하며, 구성원의 역할과 기능이 고정되어 있다. 그러나 정보화 조직에 있어서는 부분인 모든 구성원이 전체 정보에 접근 가능하며, 그때그때의 배치에 따라 여러 가지 역할과 기능을 수행할 수 있다. '부분'과 '전체'라는 개념이 과거와 같이 상호 배타적인 개념이 아님을 우리가 여기서 엿볼 수 있다.

앞으로 다가오는 신문명의 특성으로 중층화와 다핵화가 지적되었다. 우리는 앞에서 MOW는 중층화 조직의 기본단위라고 말했다. 중층화는 MOW가 다단계로 연결되어 나타나는 사회현상이다. 그러므로 미래 문명에서 중층화 현상이 나타나는 것은 신문법인 MOW가 미래 문명의 핵심 고리가 된다는 것을 뜻한다.

그리고 신문명의 특성의 하나인 다핵화多核化 현상은 MOW 모형의 기본 특성과 깊은 연관이 있다. 다핵화가 말하는 골자의 하나는 핵심은 하나가 아니며 고정되어 있지 않다는 것이다. 그리고 그때그때의 상황과 조직에 따라 핵심 이동이 일어난다는 것이다. 이것은 정보화가 지닌 특성 때문이기도 하다. 일반적으로 정보의 통로가 닫힌 전통 문명에서와는 달리 정보사회는 본질적으로 열린 체계이기 때문에, 정보 흡인력의 강도에 의해 핵심과 주변부가 결정된다. 그리고 정보 흡인력의 강도가 높은 곳들에 핵심이 형성된다. 따라서 전통 문명에서와 같이 한 곳에서만 문명의 핵심권이 형성되는 것은 아니다.

신문명의 또 다른 특징은 다원화다. 앞에서 언급한 바와 같이 인식 주체와 인식 객체는 맞물림 관계에 놓여 있다. 그리하여 인식 객체의 입장에 초점을 두어 극단화함으로써 나타나는 실재론과 같은 입장도, 또 인식 주체의 역할을 극단화함으로써 나타나는 관념론도 신문법에서는 용납되지 않는다. 신문법은 인식 주체와 인식 객체에 각기 다른 역할이 있음을 인정한다. 따라서 신문법은 지식의 객관성의 토대를 인식 대상에서 찾으며 존재 세계에 대한 다양한 인식 시각의 가능성을 인식 주체에서 발견한다.

존재 세계에 대한 나의 인식의 상대적 타당성을 인정하면서도 세계에 대한 내 생각을 당당하게 제안하는 입장이 바로 신문법이 서 있는 기본 토대이다. 견해가 다른 많은 사람이 마주 앉아 토론함으로써 단순한 말장난이 아닌, **진리에의 수렴을 믿고 구도**求道 **의 언어를 나누는 공동의 대화의 광장**을 신문법은 제공한다.

이것은 건강한 다원주의이다. 그러나 이것은 회의론이나 불가지론不可知論, 더 나아가 허무주의와 손잡은 천박한 다원주의가 아니다. 건강한 다원주의는 서로의 차이를 인정하면서 동시에 서로 함께 잘살 수 있다는 공동의 유대를 믿는다.

신문법은 인간과 자연을 맞물림의 관계로 정하고 있다. 이것은 신문명의 특색인 녹색화를 위한 기본적 토대이다. 녹색화가 이루어지기 위해서는 무엇보다도 자연에 대한 지금까지의 기본적인 태도가 전환되지 않으면 안 된다. 인간과 자연을 **공동 생명권**의 일원으로 파악하는 자연관의 일대 전환이 녹색화의 전제조건이다. 인간이 자연과 맞물림의 관계 속에 있을 때 **더불어 잘살 수 있는 세상**이 가능케 된다.

V. 신문명, 교육 낙원 그리고 세계 정의

헤겔은 일찍이 인류 역사를 자유 의식의 발전 역사라고 설파한 바 있다. 나는 **인류 역사는 교육의 폭과 깊이의 발전 역사**라고 말하고자 한다. 인간이 동물과 다른 점이 있다면 인간은 다른 동물과 비슷하게 본능이라는 타고난 소프트웨어software에 덧붙여 세상에 태어난 후 새롭게 투입하는 소프트웨어를 가지고 삶을 헤쳐나가는 존재이다. 세상에 태어나서 투입하는 소프트웨어가 바로 넓은 의미의 교육이다. 어떤 소프트웨어를 얼마나 많이 투입하느냐에 따라 인간의 삶의 진폭이 결정된다. 그리고 문명은 바로 새로 투입되는 소프트웨어에 의해 결정된다. 그러므로 **문명의 내용과 질을 결정하는 것은 바로 교육**에 있다. 교육은 문명에의 관건이다.

우리가 신문명에서 어떤 위치에 설 것인가? 대답은 간단하다. 우리의 교육이 어떤 모양으로 될 것인가에 달렸다. 공식·비공식 교육을 모두 포함해서 말이다. 우리가 지금부터 건설해야 하는 교육은 어떤 것이어야 하는가? 한마디로 나는 그것을 **'열린 교육 체제'** 혹은 **'교육 낙원', '에듀토피아**Edutopia**'**라고 부르고자 한다. '누구나 언제 어디서나 자기에게 알맞은 교육을 받을 수 있는 세상', 이것이 바로 '에듀토피아'이다.

이런 교육 체제를 구체적으로 어떻게 설계하느냐, 그것은 우리의 다음의 과제다. 그리고 철학자들과 보통 사람들은 지금까지 '사회정의Social Justice'에 관해 이야기해왔다. 그러나 우리가 지금부터 해야 할 이야기는 '세계 정의Global Justice'다. **온갖 사회적 장벽을 뛰어넘어 온 인류에게 동일하게 적용될 수 있는 정의**가 필요하다. 신문명은 바로 그것을 요청한다. 낡은 사회정의를 가지고는 통하지 않는 세상이 오고 있다. 한 사회 안에서만 통용되는 정의를 가지고는 인류가 모두 함께 잘사는 세상을 만들 수 없다.

　공짜는 없다. 빛이 있으면 그늘이 있게 마련이다. 신문명에도 그늘은 있게 마련이다. 새로 얻는 것이 있으면 잃는 것이 있게 마련이다. 공짜는 어디에도 없다. 신문명에 대해서 우리가 기대와 희망에만 도취할 수 없는 이유가 바로 여기에 있다.

3장   신문명을 위한 신교육 체제의 기본 철학

Ⅰ. 신문명과 신교육 체제

인류 역사는 교육의 발전사다

헤겔은 일찍이 "인류 역사는 자유 의식의 발전사"[11]라고 설파한 바 있다. 그런데 자유 의식은 교육을 통해 양육되고 고취된다. 따라서 교육은 자유 의식의 묘밭이며, 인류 역사는 교육의 발전사라고 볼 수 있다.

지금 인류는 역사의 대전환점에 서 있다고 예지 있는 사람들

---

11   G. W. F. 헤겔, 『역사철학강의』(권기철 역, 동서문화사, 2008).

은 말하고 있다. 지금까지 우리의 삶을 규정해온 문명의 기본 틀이 바뀌는 문명적 대전환이 일어나고 있다. 이러한 근본적 변화의 중심을 차지하고 있는 동인動因은 무엇보다도 사람됨과 사람의 생각이다. 그런데 사람됨과 사람의 생각을 바꾸어놓는 것은 바로 교육이다. 그러므로 문명을 변화시키는 동인 가운데 중요한 것은 무엇보다도 교육이라고 보지 않을 수 없다. 우리가 인류 역사의 현장으로부터 확인할 수 있는 사실은 문명의 변화와 교육의 변화가 함께 일어나고 있다는 것이다. 이러한 사실로부터 우리가 말할 수 있는 것은 적어도 교육의 변화 없이 문명의 변화가 매우 어렵다는 점이다.

그러므로 우리가 지금 일어나고 있는 거대한 문명적 대전환에 대하여 적절히 대응하기 위해서는 무엇보다도 우리 교육의 기본 틀을 다시 정비하지 않으면 안 된다. 교육의 기본 틀을 그냥 놔둔 채 새로운 문명의 앞자리에 설 수 없을 것이라는 점은 너무나 명백하다. 오늘의 교육은 내일의 역사를 위한 최선의 준비이다. 오늘의 교육의 열매를 거두는 것은 내일의 역사이다.

여기서 분명해진 것은 우리의 교육의 틀을 어떻게 바꿀 것인가라는 물음에 적절히 응답하기 위해서는 다가오는 새로운 문명이 어떤 얼개로 될 것인가에 대한 그림을 우리 머릿속에 먼저 그려보지 않으면 안 된다는 점이다.

신문명과 신문법

새로운 문명이 우리 앞에 서서히 다가오고 있다. 지금까지의 산업 문명을 지배하던 문명의 기본 틀이 무너져 내리고 있다. 나는 산업 문명을 주도하던 기본 틀은 원자론적 모형Atomistic Model 혹은 개체론적 모형Individualistic Model이라고 생각한다. 이 모형이 산업 문명에 있어서 주류主流를 형성했다고 본다면, 유기체적 모형Organistic Model 혹은 전체론적 모형Holistic Model은 그 비주류非主流라고 볼 수 있다.

애당초 유기체적 모형(혹은 전체론적 모형)은 서양 중세 문명에 주류를 형성했던 모형이다. 지난 한 세기 동안 이념적 대립의 양극을 차지하고 있던 자본주의와 공산주의 이념의 밑바닥에 도사린 두 개의 모형이 바로 저 개체론적 모형과 전체론적 모형이었다.

사람들은 지금 국경의 문턱이 낮아져 지구가 하나의 촌락으로 변해버렸다 하여 지구촌 시대, 세계화 시대를 말한다. 그리고 탈산업 문명과 녹색 문명을 말하기도 한다. 또한, 소품종 대량생산 시대가 지나고 다품종 소량생산 시대가 도래하고 있다고 말한다. 어떤 사람들은 이러한 여러 가지 명칭 대신에 '정보·지식사회Information, Knowledge Society'라는 말로 새로운 문명을 특징짓고자 한다.

그런데 여기서 중요한 것은 단순한 명칭이 아니라, 이러한 새로 등장하는 문명, 즉 신문명新文明의 기본 틀의 얼개가 어떤 것일까 하는 것이다. 나는 그 기본 틀을 '신문법新文法'이란 말로 표현하고자 한다. 신문법은 신문명이라는 존재 세계를 들여다보는 인식의 '안경spectacles'인 동시에 신세계의 '풍경spectacle'의 골격이라 볼 수 있다.

그러면 신문명의 신문법의 핵심은 무엇일까?[12] 앞에서 언급한 원자론적 모형(개체론적 모형)이 **부분**의 범주에 초점을 맞춘다면 유기체적 모형(전체론적 모형)은 전체의 범주에 초점을 맞춘다. 그렇게 됨으로써 이 두 모형은 양립 불가능한 양자택일적인 것, 서로 배타적인 모순 관계에 있는 것으로 인식됐다. 여기서 부분과 전체는 서로 배타적인 관계에 놓여 있는 것, 동시에 양립 불가능한 것으로 취급되고 만다.

더 나아가 자유론자는 개체(부분)를 중시하는 개체론적 모형을, 평등론자는 전체를 중시하는 전체론의 모형을, 각각의 철학적 기지基地로 삼아왔다. 신문법은 바로 이러한 두 모형 사이의 단절

---

12   이명현, 「신문명의 신문법」, 《철학과현실》, 1995년 여름, 69~88쪽.

과 불협화를 넘어선다. 신문법은 부분과 전체를 대립과 모순의 차원에서 벗어나 상호 보완적인 관계 속에서 양립 가능한 것으로 파악한다. 맞물림이라는 새로운 범주를 통하여 단절과 불협화는 극복된다. 어떤 것은 부분이면서 전체로 파악될 수 있다. 그 자체로서 절대적으로 부분인 것은 없다. 부분과 전체는 어떤 시각을 전제로 함과 동시에 서로에 상관적이다. 무엇을 어떤 시각에서 보느냐에 따라 그것이 부분으로 인식되며, 또한 전체로 이해될 수 있다.

동양에 있어서 음陰과 양陽은 결코 상호 배타적이거나, 모순적인 관계에 있는 그 어떤 것이 아니다. 음과 양은 서로 다르며(차별), 상반되지만 서로의 존재를 가능케 해주는 상호 공존적이며 또한 상보적이다. 이러한 음양 관계는 우리가 맞물림이라고 말하는 범주에 속하는 전형적 사례라 볼 수 있다.

지난 시대의 이데올로기 논쟁은 자유와 평등을 서로 대립적인 관계 속에서만 파악하였다. 과거 서양 철학의 문맥에서 자유는 필연의 반대 개념으로, 평등은 무차별적 균등 배분의 개념으로 이해되었다. 그러나 그러한 자유의 개념은 하나의 형이상학적 가정에 불과하며, 실제의 도덕적·정치적 문맥에서 요구되는 자유는 강제에 반대되는 자유의 개념이다. 또한, 무차별적 배분으로서의 평등은 현실적으로 어떤 상황에서나 실현될 수 있는 것이 아닐 뿐더러, 공정성을 소중히 여기는 일상인의 정의 개념과도 상치한다. 따라서 개인의 능력을 극대화할 수 있는 가능성의 공간으로서 자유는 활성화의 원리요, 그것은 다름 아닌 양陽의 원리다. 그리고 불균형을 바로잡아 주는 균형자로서의 평등은 음陰의 원리다. 이러한 관점에서 재해석된 자유와 평등은 맞물림의 관계 속에서 단절과 불협화를 넘어선다. 이것이 인간과 인간의 관계에 대한 신문법의 핵심이다.

인간과 자연의 관계에 대해서 신문법은 산업 문명의 문법을 넘어선다. 산업 문명은 자연을 인간의 지배와 정복의 대상으로 보았다. 그러나 신문법은 자연의 보존과 활용에 있어서 균형을 유지함으로써 인간이 자연과 더불어 사는 맞물림의 관계 속에서 자연을 파악한다. 신문법이 말하는 맞물림은 더불어 있음, 더불어 삶이다. 신문법은 인간과 인간의 관계, 인간과 자연의 관계를 맞물림의 차원에서 설정함으로써 더불어 있음과 더불어 삶을 지향한다.

신문법은 부분과 전체의 문제를 배타적인 모순 관계 속에 설정하지 않음으로써 사회의 조직을 개인이라는 부분과 전체라는 국가의 이분법적 양극에서 파악하지 않는다. 그리하여 사회의 조직은 개인, 전문 집단, 지역 공동체, 국가, 국가 지역 연합, 세계(지구촌) 등의 여러 층으로 형성되는 중층 구조로 평가된다. 따라서 미래 국가는 지난 역사에서와 같은 경성 조직硬性組織이 아니다. 그것은 여러 중층 구조重層構造의 하나의 층에 불과한 연성 조직이다.

교육은 미래 연성 국가의 핵심 사업이다

지금까지 국가는 개인으로 구성되는 일종의 경성 조직이다. 미래 국가는 사회의 중층 조직을 형성하는 여러 결層 가운데 하나인 연성 조직에 불과하게 될 것이다. 지금까지 경성 조직으로서 국가가 담당하던 여러 가지 일들은 사회의 중층 조직을 형성하는 여러 층의 연성 조직들이 분담하게 될 것이다.

국가라는 중앙에 집중되었던 힘이 국가 이하의 층들과 그 이상의 층들로 분산된다. 그리고 국가 구성의 최소 부품으로 이해되었던 개인도 이제는 단순한 말단의 부분이 아니다. 개인은 단순히 부분에 머물러 있는 것을 넘어서서 전체의 구조에 참여한다. 정보화 조직은 바로 개인의 이러한 위상 변화에 의해서 탄생하게 된다. 정보화 조직의 핵심적인 특징은 부분과 전체가 서로 배타적인 별도의 존재가 아니라, 하나의 개체가 수행하는 역할의 특성으로 파악된다는 점이다.

중앙 집중적 조직에서는 최상위의 중앙에 있어서만 전체에 대한 인식과 통제가 가능하다. 그러나 정보화 조직에서는 모든 개체에게 전체에 대한 인식이 개방되어 있으며, 개체가 맡은 역할은 고정되어 있지 않다. 미래 국가 안에 있는 모든 조직은 본질적으로 정보화 조직으로 구성되어 있다. 이러한 미래 국가에 있어서 우리가 주목해야 할 것은 개인 위상의 변화이다. 개인은 단순한 국가라는 전체의 부품(부분)이 아니다.

개인에게 전체에의 인식이 열려 있다. 이러한 전체에 대한 열린 인식은 정보화 사회에 고유한 것이다. 멀티미디어 정보화 기술이 무엇보다도 정보화 사회의 중심에 자리 잡고 있다. 이것은 개인의 위상을 변화시키는 데 엄청난 위력을 발휘한다. 그 개인은 단순한 육체적 힘과 기능을 가진 존재가 아니다. 자연과 인간에 대한 엄청난 지식의 창고에 접근 가능한 열린 인식자로서의 개인이다. 이러한 개인은 단순한 사회 조직의 부품이 아니다. 누구나 사회 전체에의 인식에 접근 가능하며, 바로 이러한 전체의 인식 가능성은 전체의 구조에 대한 장악력의 증대를 가능케 한다. 이러한 열린 인식을 배양해주는 것이 바로 교육이다. 따라서 교육은 정보화 조직으로 구성된 미래 국가에 있어서 핵심적인 요소가 된다.

미래 문명에 있어서 국가는 전통적인 경성 국가로부터 중층 구조 속에 놓여 있는 하나의 연성 국가로 이행한다는 것을 우리가 앞에서 지적하였다. 이러한 연성 국가에로의 변신을 가능케 한 변수들 가운데 중요한 변수는 '국경 없는 경제'인 **세계 경제체제**이다. '국경 없는 경제'란 말이 시사하는 중요한 함축은 바로 '국경의 무력화無力化'이다. 그리고 국경의 무력화는 다름 아닌 국가의 힘의 약화로 귀결된다. 국가의 힘은 국경이라는 공간적 조건에 의해서 유지되기 때문이다.

이렇듯 국경이 없는 세계 경제체제 속에서 국가가 염려해야 할 가장 중요한 일은 국민에게 일할 능력을 고도화해주는 것이다. 일할 능력의 고도화는 교육을 통해서 이루어진다. 국경 없는 경제체제 속에서는 자본도 국경이 없다. 따라서 중요한 것은 그 기업이 어느 나라의 것인가보다는 그 기업에서 종사하는 우리의 사람들이 얼마나 고품질의 일을 수행하여 고가의 수입을 확보하느냐 하는 것이다. 고가의 수입이 곧 한 나라 국민의 삶의 질을 결정하는 중대한 요소이기 때문이다. 교육은 바로 한 나라 국민의 일의 질을 결정할 사람됨과 사람의 능력을 양육하는 성업聖業이다.

또한, 국가의 핵심적 기능의 하나는 구성원인 국민을 하나로 묶어 공동체를 형성하는 일이다. 이것이 바로 사회 통합 기능인바, 가장 바람직한 사회적 통합은 모두가 더불어 잘사는 모듬살이가 되도록 하는 것이다. 모두가 더불어 잘사는 모듬살이를 이루는 데 가장 기본적인 조건은 인생이라는 경기에 있어서 **출발점의 공정성**을 확보하는 일이다. 이를테면, 달리기 경주에 있어서 경쟁의 공정성이 확보되려면 출발점이 동일해야 한다. 이러한 출발점의 공정성은 모든 자유경쟁의 원리가 작동하기 위한 전제조건이다.

교육은 인생이라는 경기에 있어서 출발점의 공정성을 확보해주는 핵심적 사항이다. 따라서 한 국가가 인간답게 더불어 잘사는 공동체가 되기 위해서는 무엇보다도 국가가 교육이라는 출발점의 공정성이 확보될 수 있도록 그 기틀이 짜이지 않으면 안 된다.

이런 의미에서 국가가 수행해야 할 일 가운데 가장 본질적인 과제가 바로 교육임을 알 수 있다. 앞에서 지적한 대로 지식과 정보가 사회의 중추적인 동력動力을 이루는 미래 정보지식 사회에 있어서 국가의 교육적 기능은 국가의 수준과 경쟁력, 국민의 삶의 질을 결정하는 핵심적 기능이다.

왜 교육 체제는 변화되어야 하는가?

나는 앞에서 인류 역사는 교육 발전의 역사라고 주장하였다. 이 명제로부터 우리가 추론할 수 있는 것은 역사 변화와 교육 체제의 변화는 동일 선상에서 파악될 수 있다는 점이다.

겨울이 되었는데 계속 여름옷을 고집하거나 가을옷을 고집하는 것은 어리석은 일이다. 옷은 기후의 변화에 따라 바뀌어야 옷 구실을 제대로 할 수 있다. 교육 체제는 다른 사회제도와 마찬가지로 인간이 살아가는 데 필요한 옷과 같은 일종의 도구요 수단이다. 역사를 규정하는 조건과 요소가 변화되면 거기에 따라 삶의 수단인 제도도 변화되어야 한다. 그렇지 않으면 그 제도는 겨울에 입는 여름옷과 같은 형편에 처하게 될 것이다. 그러한 제도는 역사의 유물로서 관상적 가치는 지닐 수 있으나, 우리의 삶을 제대로 지탱해주는 유용한 도구는 되지 못할 것이다.

거시적인 관점에서 말한다면, 다가오는 신문명新文明의 신문법新文法)에 적합한 새로운 교육 체제가 요구된다고 말할 수 있다. 지나간 인류의 문명사를 되돌아보면 농경 문명에는 거기에 상응하는 교육 체제가 있었으며 산업 문명에도 마찬가지로 거기에 적합한 교육 체제가 창출되었던 것을 읽을 수 있다.

따라서 미래 문명도 거기에 적합한 신교육 체제新教育體制가 요구됨을 알 수 있다. 미래 문명에서 승리자가 되기 위해서는 미래 문명의 조건에 알맞은 새로운 체제를 창출하지 않으면 안 된다. 미래 문명의 얼개에 관해서 우리는 앞에서 신문법의 틀을 빌려 언급하였다. 우리가 앞에서 언급한 신문법론이 타당한 것이라면, 신교육 체제는 거기서 많은 암시를 받아 수립되어야 할 것이다.

　우리가 신교육 체제라고 말하는 미래 교육에 관련하여 ① 학문과 기술의 통합, ② 만인 직업 시대의 도래, ③ 정보화 시대가 지적될 수 있을 것이다. 차례대로 좀 더 검토해보자.

　① 학문과 기술의 통합: 실증적 학문 방법론이 서구 학문 세계를 지배하기 이전인 고대와 중세기에 있어서 학문과 기술은 전혀 별개의 것이었다. 꼬집어 이야기하면 학문은 기술과 아무 관련이 없었다. 학문을 통해 기술을 배울 수 있는 것이 아닐 뿐 아니라 기술을 습득하여 학문에 접근할 수 있는 것도 아니었다. 학문에의 길과 기술에의 길은 전혀 다른 두 가지의 길이었다. 교육education을 통해서 학문에 접근하며, 훈련training을 통해 기술을 연마했다. 학문을 하는 자는 학자scholar 혹은 선비[士]요, 기술을 배우는 자는 장이[工] 혹은 장인[匠人]이다.

　이 두 종류의 일에 종사하는 자는 사회적 위계와 신분에 있어서 큰 차이가 있었다. 그러나 서양 근세에 들어와 실증적實證的 학문 연구 방법에 의해 자연 세계를 탐구하는 새로운 학풍이 학계를 지배한 후 새로운 학문이 나타났는데 우리가 '자연과학'이라고 부르는 것이다.

신학문인 자연과학의 진보는 드디어 학문과 기술의 전통적인 단절 관계를 하나의 **주종 관계**主從關係로 통합시켜놓았다. 간단히 표현하면 신학문인 자연과학으로부터 기술이 유래하게 되었다. 과학 이론으로부터 기술이 도출된다는 말이다. 과학으로부터 유래한 기술을 우리는 '과학기술scientific technology'이라 부른다. 과학기술은 기술의 모태가 과학(학문)이라는 점에서 전통적인 기술과 다르다. 따라서 우리는 학문과 기술의 **통합**을 보게 되는 것이다. 이러한 통합은 전통적으로 교육과 훈련을 별개의 것으로 분리해놓았던 교육 체제의 종말을 고하게 만든다.

전통적인 유럽의 대학은 학문이 기술과 별개의 것으로 유리되어 있던 시절에 학문만을 교육하는 곳이었다. 이렇게 기술과 무관한 이론적 학문이 '순수 학문'이다. 말하자면 상아탑으로서의 전통 대학은 이러한 순수 학문을 교육하고 연구하는 고등교육 기관이었다. 이렇게 기술과 무관한 순수 이론 학문은 인간의 생명 유지에 필요한 물질의 생산과는 아무 관련이 없는 학문이었다. 따라서 이러한 순수 학문을 배우는 사람[士]은 그 당시 생산과 연관된 농農, 공工, 상商에 종사하는 사람들과는 사회적 신분이 달랐다. 말하자면, 그러한 순수 학문은 농공상에 종사하는 사람들의 실제적 요구와 무관한 것이었다.

학문과 기술의 통합은 '학문을 위한 학문'을 연구하는 상아탑으로서의 전통적 대학의 이념에 커다란 변화를 초래하게 되었다.

② 만인 직업 시대의 도래: 만인 직업 시대란 사회적 신분에 의해 자기의 생업을 가지고 있지 않아도 먹고살 수 있던 특권계급이 소멸된 시대를 말한다. 모든 사람이 생존을 위해 생업을 반드시 가지고 있어야 하는 시대가 만인 직업 시대이다. 이런 시대의 도래는 앞에서 우리가 살펴본 학문과 기술의 통합에 의해 촉진되었다.

이 시대에는 엄밀한 의미에서 학문의 교육과 기술의 훈련이라는 원리적 구별이 소멸하는 시대라고 볼 수 있다. 만인 직업 시대에 있어서 대학은 사회적 특권적 신분에 놓여 있는 사람의 지적 호기심이나 높은 교양만을 충족시키는 그런 상아탑만이 아니다. 만인에게 생업의 수단을 가르치는 직업교육 기관의 기능을 지닌 대학이 지금부터 백여 년 전에 출현한다.

미국의 주립대학과 독일의 고등교육 기관인 'Hochschule'가 바로 그것이다. 이와 함께 직업 기술을 교육하는 중등교육 기관도 출현하였다. 미래 문명에 있어서는 생업을 위한 현재의 중등교육이 고등교육으로 상향 조정되어갈 것이다. 육체노동에 근간

을 두고 있는 기술은 정보화 사회의 진전과 더불어 점차 소멸되어
갈 것이다. 또한, 국민 기본 공통 교육 수준도 상향 조정되어갈 것
이다.

　③ 정보화 시대: 세 가지 점이 지적될 수 있다. 멀티미디어 정
보화 기술의 발달과 지식의 생산에서 차지하는 위력의 증대, 그리
고 지식의 생성과 소멸 주기의 단축이 지금까지 우리가 지닌 교육
개념에 엄청난 변화를 초래하게 될 것이다.

　우선 멀티미디어 정보화 기술의 발달은 전통적인 학교 개념
과 교재와 교사의 역할에 근본적인 변화를 초래하게 될 것이다.
교육에 있어 공간과 시간의 장벽을 무너뜨리게 됨으로써 일정한
공간으로서의 학교, 일정한 시간에 이루어지는 학습, 그리고 지식
전달자로서의 교사의 역할에 혁명적인 탈바꿈이 일어날 것이다.

　그뿐만 아니라, 지식과 정보의 생성과 소멸의 기간이 단축됨
에 따라 계속적인 특수 교육이 아니라 정상 교육으로 바뀌게 될
것이다. 인생의 일정한 시기에 학습한 지식과 기술을 가지고 일생
을 살아가는 데 아무 지장이 없는 시대가 사라져버릴 것이다. 전
생애를 통하여 끊임없이 새로운 정보와 지식과 기술을 재충전하
지 않고서는 살 수 없는 시대가 다가오고 있다. 이런 시대에 평생
계속 교육은 만인에게 필수 불가결한 것이다.

이러한 정보화 시대의 도래는 시간과 공간의 장벽과 여러 가지 제도적인 장벽이 제거된 새로운 교육의 가능성을 수용할 수 있는 신교육 체제의 창안을 요청한다.

신문명에 대응하는 신교육 체제의 수립

오늘의 교육은 내일의 삶을 위한 준비요, 동시에 오늘의 삶의 방식이다. 이것이 바로 교육이 인간의 삶에 대해 지니는 이중적 의미다. 오늘의 교육을 어떻게 하느냐는 곧 내일의 역사를 어떻게 창조하느냐로 연결된다. 오늘의 교육은 이런 의미에서 새로운 역사를 위한 위대한 잉태이다. 새로운 문명은 새로운 대응 방식을 요청한다. 새로운 문명이 다가오는데 새로운 대응방식을 마련하지 못하는 개인과 사회는 역사의 낙오자가 될 수밖에 없다.

오늘 한국인은 인류와 더불어 새로운 문명적 대전환의 전환점에 서 있다. 우리가 새로운 **문명의 중심**에 우뚝 선 나라를 창조하기 위해서는 새 문명에 대한 대응 전략을 세우지 않으면 안 된다. 교육은 바로 내일의 역사를 위한 **위대한 준비**다. 그러므로 우리가 새로운 문명을 위한 새로운 대응 전략을 세운다는 것은 새로운 문명에 상응하는 새로운 교육 체제를 수립하는 일을 하는 것이다. 지금 우리에게 절실히 요망되는 것은 바로 그러한 신교육 체제를 수립하여 내일의 역사의 주인공이 될 오늘의 젊은 세대들을 위한 교육적 실천에 나서는 일이다.

지나간 산업 문명에서 우리는 역사의 변방에서 어두운 역사의 터널 속에서 방황하며 고뇌하였다. 우리가 적절한 대응을 마련하는 데 실패했던 역사는 산업 문명이었다. 기나긴 방황과 고뇌 끝에 우리가 터득한 것은 산업 문명에 대한 삶의 대응 방식이었다. 그러나 이제 그 산업 문명은 역사의 저녁노을 너머로 사라져 가고, 새로운 문명이 역사의 지평 위에 떠오르기 시작했다. 우리는 과연 새로운 문명에 제대로 생존할 수 있을 것인가, 아니 새로운 문명의 중심에 우뚝 설 수 있을 것인가?

대답의 언어는 간단하다. 우리가 새로운 문명에 적합한 교육의 새 틀을 우리 땅에 정착시키는 데 성공하느냐, 그것이 바로 문제이다. 신교육은 새로운 문명에 대한 문명적 대응이요, 우리의 생존 전략이며 신국가의 발전 전략이다.

Ⅱ. 신교육 체제의 비전과 골격

'더불어 잘사는 사회'를 위한 '열린 교육 사회'의 건설

열린 교육 사회는 더불어 잘사는 사회의 건설을 위한 전제조건이다. 열린 교육 사회를 건설하지 않고서는 우리가 모두 더불어 잘사는 사회가 이룩될 수 없다.

그러면 열린 교육 사회란 무엇인가? 누구나 언제 어디서나 자기에게 알맞은 교육을 받을 수 있는 길이 활짝 열려 있는 사회가 바로 그것이다. 그것은 바로 **교육 낙원**Edutopia이다. 지금까지의 우리 교육은 한마디로 '닫힌 교육'이었다. 특정한 사람에게만, 특정한 장소에서, 특정한 시간에, 획일적인 내용을 가지고 가르치는 그런 교육이었다. 대상과 시간과 장소, 교육 내용과 방법이 고정된 틀 속에 갇혀 있는 그런 교육이었다.

우리가 신문명에서 지향하는 교육은 그런 '폐쇄의 장벽'이 제거된 열린 교육이다. 혹자는 이러한 열린 교육에의 꿈을 한갓 백일몽으로 치부하려 들지도 모른다. 그러나 그것은 실현 가능성이 없는 꿈같은 이야기가 아니다. 과거의 문명 속에서는 그것은 실현 가능성이 없는 한갓 백일몽에 지나지 않는 것일 수 있다. 그러나 앞으로 다가오는 신문명 속에서는 그것은 실현 가능한 것이며 또 반드시 실현되어야 할 것이다. 그것은 현실성과 당위성 모두를 가지고 있다.

멀티미디어 정보공학의 발달은 교육에 있어서 시간과 공간의 장벽을 제거할 수 있는 조건을 마련해준다. 학교라는 일정한 장소에서만 교육이 기능한 것이 지금까지의 교육이었다. 멀티미디어 정보공학의 발달은 어디서나 배울 수 있는 새로운 가능성의 교육 공간을 열어놓는다. 앞으로의 학교는 어느 한 곳에 한정되지 않는다. 도처에 학교가 마련될 수 있다. 가정과 직장 어디에서나 교육은 이루어질 수 있다.

지금까지의 교육은 일정한 연령 안에서 이루어져 왔다. 이러한 시간의 장벽도 무너지게 될 것이다. 멀티미디어 정보화 기술은 바로 이것을 가능케 하는 기술 조건이다. 원하는 때 단추만 누르면 자기가 원하는 교육을 받을 수 있게 된다. 그뿐만 아니라 미래 정보화 사회는 끊임없는 지식과 정보의 재충전 없이는 제대로 살 수 없는 세상이기 때문에 교육은 삶의 과정 전체에 걸쳐 이루어져야 한다. 교육에 있어서 시간 장벽의 철폐는 실현 가능한 것일 뿐 아니라 실제적 요구 사항이다. 이러한 멀티미디어 정보 기술의 발달은 열린 교육 사회 건설을 위한 **기술적 토대**이다.

그러나 이러한 기술적 토대만 가지고 열린 교육 사회가 저절로 건설되는 것은 아니다. 제도적 기반이 새롭게 구축되지 않으면 안 된다. 교육을 원하는 모든 사람에게 기회를 가로막는 모든 제도적 장벽이 제거되지 않으면 안 된다. 배움에의 문이 활짝 열려 있도록 **새로운 길들**을 만들어놓아야 한다.

물론 이러한 장벽을 없애는 일은 하루 이틀에 쉽게 이루어질 수는 없다. 그 '장벽'이 있음으로써 이익을 보는 사람들이 장벽 철거에 선뜻 동의하지 않을 것이기 때문이다. 장벽 제거 작업은 그러므로 점진적으로 진행될 수밖에 없을 것이다.

우선 학교 진입 장벽이 제거되지 않으면 안 된다. 배움의 현장에 들고 나옴이 자유롭게 이루어짐으로써 **열린 교육장**이 마련되어야 한다. 그리고 배우고자 하는 사람들의 요구에 알맞도록 열린 교육 내용이 마련되어야 한다. 이렇게 시간과 공간을 비롯한 교육 여건이 교육 수요자의 요구에 활짝 열린 교육이 되기 위해서는 교육자의 세계가 열려 있어야 한다. 다양한 사람들이 교육에 참여할 수 있는 열린 교원 제도가 마련되어야 한다. 미래 문명은 특정한 사람만이 교육 기능을 독점하는 그런 시대가 아니다. 다양한 사람들이 교육의 다양한 기능을 분담하는 자유롭고 열린 교육자의 세계가 미래 문명에 적합한 교육의 모습이 될 것이다.

'한 줄로 서는 교육'은 더불어 잘사는 사회로 가는 교육이 아니다

한 줄로 서는 교육은 대다수 사람을 불행한 사회로 인도하는 교육이다. 그것은 소수 몇 사람만 우월 의식을 가지고 살 수 있게 하는 소수를 위한 교육이다. 소수만이 재미를 보는 사회는 좋은 사회가 아니다. 그러나 더 분명히 말하자면 그것은 그 소수에게도 참으로 행복한 사회가 되지 못한다. 많은 사람의 비참을 전제로 얻어지는 행복은 참된 행복일 수가 없다.

세상에는 다양한 사람이 있다. 다양한 사람들이 모두 자기실현의 희열과 행복을 맛볼 수 있으려면 다양한 자기실현의 기회가 마련되어야 한다. 한 줄로 서는 교육의 틀 안에는 다양한 인간의 자기실현 기회가 막혀 있다. 사람들이 지닌 다양한 관심과 다양한 재능과 능력들이 제대로 살려질 수 있기 위해서는 다양한 교육의 장치와 다양한 평가 기준이 마련되어야 한다.

한 줄로 서는 교육은 획일적인 교육과 획일적인 평가가 이루어지는 교육이다. 이러한 획일적 틀은 저 다양한 인간들을 수용하기에는 너무나 좁은 공간이다. 이 좁은 공간 안에서 많은 사람이 자기실현의 기회를 얻지 못한 채, 질식할 것 같은 고통을 당하고 있다. 다양한 인간들이 자기실현의 희열을 느낄 수 있는, 더불어 잘살 수 있는 교육은 모름지기 저 다양성을 수용할 수 있는 교육적 장치를 갖춘 교육이어야 한다. 이것을 우리는 교육의 다양화라 부를 수 있다.

교육의 다양화는 다양한 교육 프로그램을 지닌 다양한 학교, 다양한 기준에 의한 평가와 그에 상응하는 다양한 능력에 상응하는 보상 체제의 확립이 수반되어야 한다. 이것은 우리 교육 체제를 이토록 숨 막히게 하는 주범이 되는 우리의 대학 입학 제도에 대한 근원적인 발상의 전환이 동시에 이루어져야 함을 뜻한다. 다양한 교육 프로그램을 지닌 대학 모형의 개발과 다양한 기준에 의한 다양한 전형 제도의 도입이 이 질식할 것 같은 '한 줄로 서는 오늘 이 땅의 교육'으로부터 우리를 탈출시키는 중요한 실마리가 될 것이다.

교육의 다양화는 교육 수요자들의 다양한 요구에 알맞은 '선택 가능성'의 넓은 세계를 열어준다. 거기서 누구나 자기에게 알맞은 삶의 보금자리를 찾아 자기실현을 함으로써 삶의 활력과 보람을 찾게 될 것이다. 이러한 교육의 다양성과 관련하여 우리는 교육에 있어서 자유와 평등의 조화를 도모하지 않으면 안 된다. 교육의 다양화는 선택의 확대를 의미하며, 선택의 확대는 교육적 자유의 넓은 공간을 전제로 한다. 그리고 그 선택은 때로 경쟁의 마찰을 불러일으키며, 여기에 경쟁의 약자 출현이 예상된다. 이러한 '약자'에 대한 사려 깊은 배려 장치가 교육의 평등 원리에 의해서 마련되지 않으면 안 된다.

교육의 자유가 교육의 평등에 의해서 상호 보완될 수 있을 때에야 교육의 다양화가 모든 사람에게 자기실현을 약속해줄 수 있을 것이다. 우리나라와 같이 지역적 불균형이 심각한 경우, 대학 입학 전형에 있어서 지역 할당제의 도입은 교육의 다양성을 실현하기 위한 매우 중요한 제도적 고리 역할을 할 수 있을 것이다. 또한, 앞으로 사학 중등교육 기관에 대한 학생 선택권이 주어지면, 대학 입학 전형에 있어서 공·사립 할당 제도도 같은 취지에서 고려되어야 할 것이다.

그리고 초·중등 교육과정에 있어서 공통 필수의 최소화, 선택교과의 확대와 수준별 교과과정과 이동식 수업을 그 핵으로 하는 신교육과정의 도입은 교육의 다양화를 실현하는 중요한 기틀을 마련해줄 것이다. 대학 입학 전형 기준의 다양화도 이러한 중등교육의 내용 변화를 수용하는 방향에서 설계되어 시행되어야 할 것이다.

이러한 교육의 다양화가 지닌 중요한 함축은 교육을 교육 공급자 중심 교육으로부터 교육 수요자인 교육받는 사람의 요구와 그 교육받은 사람을 맞아들일 사회 각 분야의 요구에 적합한 교육으로 일대 전환한다는 것이다. 이러한 교육적 대전환은 종래의 규제 중심의 교육행정 체제로부터 탈규제와 자율에로의 대전환과 함께 행정 체제의 대개편을 요청한다. 중앙(교육부)으로부터 지역 교육청으로 권한의 분산, 개별 학교의 자율과 책임의 확대, 교육 소비자들의 교육 현장의 참여(학교 운영위원회) 등을 위한 체제 및 인적 정비가 요청된다.

신인력 양성에 적합한 고등교육 수준의 새로운 생업 교육 체제의 도입

앞에서 지적한 바와 같이 신문명의 중요한 특징은 지식과 정보가 핵심적 결정 요소를 구성한다. 지난 산업 시대의 생산에 있어서 핵심적 구성 요소였던 근육노동은 각종의 자동화 기계와 로봇에 의해서 대치되어버리고, 그 대신 지식과 정보의 조작 능력이 생산의 결정적 요인으로 등장하게 될 것이 예측된다.

따라서 지금까지의 중등교육 기관에서 양성되어왔던 근육노동 중심의 각종 직업교육은 그 효용성이 매우 낮아지게 될 것이다. 여기서 우리는 정보화 시대가 요구하는 신인력 양성을 위한 새로운 교육 체제의 필요성을 엿볼 수 있다. 이러한 신인력 양성을 위한 교육은 현재의 중등교육 수준으로부터 고등교육 수준으로 상향되어야 한다. 그 이유로 우리는 국민의 자존 의식의 확대와 산업기술의 고도화라는 두 가지를 들 수 있다.

물론 이러한 새로운 생업生業 교육 기관의 도입은 하루아침에 현재의 중등 직업교육을 폐기하고, 전면적으로 실시될 수는 없다. 그것은 현실적으로 실현하기도 어렵거니와 산업계의 요구와 부합하지도 않다. 이러한 새로운 생업 고등교육 제도의 도입은 본질적으로 열린 교육 체제의 틀 아래서 이루어져야 한다. 다시 말해서 누구나, 언제 어디서나, 자기에게 알맞은 교육을 받을 수 있는 길이 활짝 열려 있어야 한다는 것이다. 이러한 열린 교육 체제 속에서 마련된 새로운 생업生業 교육 체제는 적어도 다음의 두 가지 조건을 만족시켜야 할 것이다.

① 각종의 멀티미디어 정보 기술을 교육에 최대한 활용한다.
② 가정과 직장, 그리고 학교가 하나로 통합되어 교육이 이루어진다.

산업체와 학교가 연계된 교육을 실시할 수 있는 학교 체제가 구성되어야 한다. 그리하여 일하면서 교육받는 것이 동시에 가능해야 한다. 우리는 이러한 새로운 생업 교육 기관을 신대학 체제新大學體制라 부를 수 있다. 신대학 체제의 도입은 해당 연령 국민의 과반수를 차지하는 4년제 대학 비진학자들과 전문대학 졸업자들에게 계속 교육에 대한 갈등을 풀어줄 수 있을 뿐 아니라, 정보화 사회가 요구하는 새로운 인재(신인력) 양성을 위해 절실히 요청되는 교육의 장치가 아닐 수 없다.

오늘 한국 교육의 병목현상을 이처럼 극심하게 만드는 중요한 원인 중의 하나는 대학 비진학자들에게 드리우는 '들러리 인생의 비애'다. '대학 못 가면 아무것도 아니다'라는 이 무서운 사회적 중압으로부터 헤어나기 위해서 필사적인 몸부림을 치고 있다.

누구나 원하면 그리고 노력하면 자기에게 알맞은 교육을, 고등교육을 받을 수 있는 길이 활짝 열려 있다는 것 하나만으로도 이 땅의 젊은이들은 마음의 교육 고통으로부터 해방될 수 있지 않을까?

한국 교육의 병리적 현상을 한마디로 표현한다면 '교육의 비정상화'이다. 이 비정상화는 천당과 지옥으로 대비될 수 있는, 무엇보다도 대학 진학과 비진학의 단층 의식에서 크게 유래한다. 따라서 '신대학 체제' 도입을 통해 현재의 대학 비진학자들에게 계속 교육에의 기회가 열리게 될 때, 그 엄청난 단층 의식은 크게 변화될 것이다. 이것을 통해서 우리 교육은 비정상으로부터 정상으로 치유되는 길로 들어서게 될 것이 아닌가!

건강은 불균형의 해소를 통해 획득된다는 것은 동양의 지혜 가운데 으뜸가는 지혜이다. 오늘 한국 교육의 병리를 치유하는 처방은 바로 우리의 깊은 마음속에 씌어 있는 '균형 찾음'에서 구해야 할 것이다. 비진학자를 오늘과 같은 상태로 방치해놓은 채 강구되는 어떤 교육적 처방도 오늘 한국이 당면한 교육 병리를 치유할 수 없다는 것을 우리가 여기서 분명히 깨달을 수 있다.

진리의 산실이자 창조의 기지가 되는 대학

국민의 대부분이 생업을 위해 고등교육 기관에서 어느 수준의 교육을 받는 것이 보편화될 것이 예상되는 미래 사회에 있어서 대학이 과거의 상아탑의 이념에만 집착해 있을 수 없음은 너무나 자명하다. 분명히 생업 고등교육을 하는 대학의 기능은 결코 경시될 수 없다. 정보화 시대에 대학 교육은 과거의 보통교육과 같은 대중 교육이 되기 때문이다.

그러나 우리가 또한 간과해선 안 될 것은 대학에 맡겨진 중요한 사명인 진리 탐구와 기술 창조의 역할이다. 오늘 한국의 대학은 서양으로부터 수입한 학문과 기술을 학생들에게 가르치는 일에만도 여념이 없다. 그러나 우리가 미래 문명에서 중심의 자리를 설 수 있으려면 미래 사회의 핵심인 지식과 정보를 자가 생산自家生産할 능력을 기르지 않으면 안 된다. 미래 사회의 핵심 요소인 지식과 정보를 남에게 의존하면서 어떻게 우리 자신과 우리 사회가 자기 발로 설 수 있겠는가!

우리의 대학이 이와 같은 생업 교육 기관으로서의 기능과 진리의 산실産室과 기술의 생산 기지의 역할을 제대로 수행할 수 있게 되기 위해서 필요한 것으로 대학의 모형을 다양화하고 특성화하는 제도적 개혁이 선정되어야 한다. 오늘 한국의 대학은 천편일

률적인 조직과 운영 체제로 되어 있다. 따라서 사회의 각 분야에서 요구되는 현장 인력 양성도 제대로 하지 못할 뿐 아니라, 새 학문과 기술의 산실의 역할을 수행하기에는 너무나 원시적 수준에 머물러 있다. 외국 학문과 기술의 판매 대리점 수준을 크게 넘어서지 못하고 있다는 자탄의 소리가 대학인들 입에서 쏟아져 나오고 있다.

연구에 필요한 책을 제대로 갖춘 도서관을 가진 대학이 이 땅에 하나도 없는 상황에서 대학인만 나무라는 것은 적절치 않다. 연구의 질을 제대로 평가할 만한 사회의식과 준거 틀이 제대로 마련되지 않은 상태에서 대학 사회에 진정한 학문적 논쟁과 경쟁의 풍토를 기대하기 어렵다.

이러한 우리 대학 풍토에 새 바람을 불어넣기 위해서는 무엇보다도 한국 땅에 완벽한 연구 도서와 정보를 갖춘 첨단 도서 정보 센터를 하나 설립하는 일이다. 그리고 우리 학문 연구가 세계적 수준에서 평가되고 유통될 수 있는 국제 학술지 발간 촉진을 위한 체계적인 지원 체제를 확립하는 일이다. 그리고 교육연구비를 학교 재정 지원과 연계하여 지급함으로써 우수 교수 초빙 경쟁을 유도해야 할 것이다. (개인 교수에게 정부가 연구비 지급하는 연구비와 맞먹는 액수를 연구 교수의 소속 대학에 지원한다.)

물론 이러한 모든 새로운 제도 개혁은 고등교육에 대한 재정

투자의 획기적 정책 전환 없이는 불가능하다. 이러한 투자 정책의 획기적 전환 없이는 교육 개혁을 통해 우리가 미래 문명의 중심에 설 수 있다는 희망은 한낮 백일몽에 그치고 말 것이다.

교육 중심의 정부 조직 개편과 교육 관련 법령의 전면 재편

열린 교육 체제가 앞에서 언급한 바와 같이 미래 교육의 모습이라면, 전통적인 일정한 장소에서 이루어지는 학교교육 중심 교육의 시대는 가정과 직장을 포함한 사회 전체가 교육의 현장이 되는 시대로 변화되어갈 것이다. 지금까지의 교육행정 조직은 전통적인 학교 중심의 교육을 염두에 두고 마련된 것이라고 볼 수 있다. 따라서 사회 전체가 교육 현장이 되는 그런 상황에서는 현재 여러 가지 명칭으로 분류되는 정부 부처도 실제로는 교육적 기능을 담당하는 부서로 간주될 수밖에 없을 것이다.

사실 현재에도 고용노동부, 과기처, 문화체육관광부, 보건복지부, 산업통상자원부 등도 교육 기능을 담당하고 있다. 사정이 이러할진대, 국가의 교육 기능을 전체적으로 조정함으로써 행정과 재정의 효율성을 높이기 위해서는 교육 관련 부처 기능의 재조정이 필요하며, 교육 관련 부처를 전체적으로 통괄 조정하는 기능을 담당한 부총리제를 신설하는 방안을 검토할 필요가 있다.

또한, 현행 교육 관련 법령은 전면 재편되어야 한다. 앞에서 언급한 미래 문명에 적합한 신교육 체제의 기본 골격을 구체화한 새로운 모습으로 재편되어야 할 것이다. 그리하여 현행의 교육법을 교육기본법, 초·중등교육법과 고등교육법으로 분리하여 체계화하며, 현재의 사회교육법은 현재 여러 부처에서 담당하고 있는 각종 사회교육 관련 업무와 관련된 각종 법령의 모법이 되도록 재편해야 할 것이다.

이러한 전면 재편 작업은 비단 새로운 교육 체제의 내용을 포함한다는 의의만 지니는 것은 아니다. 우리가 교육으로부터 일제의 식민지 유산을 진정으로 청산하기 원한다면, 우리 교육법의 기본 골격과 거기에 사용된 언어를 현행 그대로 방치할 수는 없다. 신교육 체제의 착근은 교육법 체제의 새로운 수립을 통해서만 가능하다.

KI신서 12979

철학은 시대의 내비게이션이다

사유의 길을 밝히는 철학의 쓸모

1판 1쇄 인쇄 2024년 7월 16일
1판 1쇄 발행 2024년 8월 1일

지은이 이명현
펴낸이 김영곤
펴낸곳 (주)북이십일 21세기북스

인문기획팀 팀장 양으녕 **책임편집** 서진교 **마케팅** 김주현
디자인 최혜진
출판마케팅영업본부장 한충희
마케팅2팀 나은경 한경화
영업팀 최명열 김다운 권채영 김도연
제작팀 이영민 권경민

출판등록 2000년 5월 6일 제406-2003-061호
주소 (10881) 경기도 파주시 회동길 201(문발동)
대표전화 031-955-2100 **팩스** 031-955-2151 **이메일** book21@book21.co.kr

(주)북이십일 경계를 허무는 콘텐츠 리더

21세기북스 채널에서 도서 정보와 다양한 영상자료, 이벤트를 만나세요!

페이스북 facebook.com/jiinpill21 **포스트** post.naver.com/21c_editors
유튜브 youtube.com/book21pub **인스타그램** instagram.com/jiinpill21
홈페이지 www.book21.com

당신의 일상을 빛내줄 탐나는 탐구 생활 〈탐탐〉
21세기북스 채널에서 취미생활자들을 위한 유익한 정보를 만나보세요!

ⓒ 이명현, 2024
ISBN 979-11-7117-757-8 (03100)